权威·前沿·原创

皮书系列为
"十二五""十三五"国家重点图书出版规划项目

东莞蓝皮书

BLUE BOOK OF
DONGGUAN

东莞科技金融发展报告
（2018）

ANNUAL REPORT ON THE DEVELOPMENT OF SCI-TECH
FINANCE IN DONGGUAN (2018)

主　编／东莞市电子计算中心

社会科学文献出版社
SOCIAL SCIENCES ACADEMIC PRESS (CHINA)

图书在版编目（CIP）数据

东莞科技金融发展报告. 2018 / 东莞市电子计算中
心主编. -- 北京：社会科学文献出版社，2019.3
（东莞蓝皮书）
ISBN 978 - 7 - 5201 - 4143 - 7

Ⅰ.①东… Ⅱ.①东… Ⅲ.①科学技术 - 金融 - 经济
发展 - 研究报告 - 东莞 - 2018 Ⅳ.①F832.765.3

中国版本图书馆 CIP 数据核字（2018）第 293027 号

东莞蓝皮书
东莞科技金融发展报告（2018）

主　　编 / 东莞市电子计算中心

出 版 人 / 谢寿光
项目统筹 / 邓泳红　吴　敏
责任编辑 / 吴　敏　吴云苓

出　　版 / 社会科学文献出版社·皮书出版分社（010）59367127
　　　　　　地址：北京市北三环中路甲 29 号院华龙大厦　邮编：100029
　　　　　　网址：www.ssap.com.cn
发　　行 / 市场营销中心（010）59367081　59367083
印　　装 / 三河市龙林印务有限公司

规　　格 / 开　本：787mm × 1092mm　1/16
　　　　　　印　张：11.25　字　数：135 千字
版　　次 / 2019 年 3 月第 1 版　2019 年 3 月第 1 次印刷
书　　号 / ISBN 978 - 7 - 5201 - 4143 - 7
定　　价 / 89.00 元

皮书序列号 / PSN B - 2019 - 812 - 2/2

本书如有印装质量问题，请与读者服务中心（010 - 59367028）联系

编委会名单

主要编撰机构简介

东莞市电子计算中心是归口于东莞市科学技术局的事业单位，经东莞市机构编制委员会批准备案，加挂东莞市科技发展研究中心、东莞生产力促进中心牌子，实施"三块牌子、一套人员"的管理模式。科技发展研究中心于 2013 年挂牌以来，先后完成了"东莞市'十三五'全面实施创新驱动发展战略研究""东莞市科学与技术发展'十三五'规划""松山湖高新区推进企业上市与挂牌工作的对策建议""2013～2017 年东莞市科技发展分析报告"等二十余项课题研究，承接"广东省科技金融服务中心东莞分中心建设"等国家省市科技项目十余项，"区域创新评价的研究与应用"等 4 项研究获得省市科技进步奖。

主编简介

王　洁　东莞市电子计算中心（东莞市科技发展研究中心、东莞生产力促进中心）、广东省科技金融综合服务中心东莞分中心主任、副研究员，国际注册管理咨询师。兼任东莞职业技术学院客座教授，东莞市高新企业产业协会副理事长、广东省企业管理咨询协会理事、广东省生产力促进协会理事、广东省科学与科技管理研究会理事、东莞市十六届人大常委会教科工委咨询专家。主要研究方向包括科技创新管理、产业经济发展研究、创业管理等。作为项目负责人或主要参与者先后主持"国家'十五'制造业信息化示范市（东莞）项目"、"东莞市软件企业孵化园"、"东莞市技术转移和创新综合服务平台"及"区域创新评价的研究与应用"等4项国家级、8项省级和2项市级科研课题研究与建设；组织完成"东莞市科学技术发展'十三五'规划"等市级及高新区专题研究20项，主持制定了两项广东省地方标准《科技项目监理服务规范》（DB44/T 1124 – 2013）和《科技企业虚拟孵化服务规范》（DB44/T 2107 – 2018）。共获5项东莞市科技进步二等奖、1项东莞市科技进步一等奖和1项广东省科技进步三等奖，公开发表《R&D 投入现状及对策分析》《东莞市科技社会组织在创新型城市建设中的作用与研究》《基于粗糙集神经网络的科技金融信用风险评价研究》等多篇论文。

摘　要

　　《东莞蓝皮书：东莞科技金融发展报告（2018）》是东莞市电子计算中心（东莞市科技发展研究中心、东莞生产力促进中心）推出的东莞市科技金融系列年度报告的第一本。本书围绕东莞市科技金融的发展情况展开，根据东莞市相关部门公开发布的内容和东莞市电子计算中心掌握的大量一手资料，对东莞市科技、金融、产业融合发展进行了深入探讨和系统分析。

　　全书分为六个篇章。一是总报告，主要是基于科技金融和科技创新理论研究以及国内外科技与金融相结合的经验研究，全面论述东莞市科技金融的创新实践，并进行科技金融发展展望。二是政策篇，系统梳理了2000年以来东莞市所颁布实施的科技金融相关政策，阐述东莞市多层次科技金融政策体系的构建与完善，研究东莞市科技金融政策体系的演变，总结东莞市科技金融政策的发展变化。三是资本篇，全面总结近年来东莞市科技与金融相结合所带来的金融行业新发展，系统分析多层次科技金融信贷体系、风险投资直接融资体系、政府创业投资引导基金直接融资体系的建设、应用与发展，深入探讨东莞市科技与金融融合的过程和方式。四是企业与服务篇，运用海量的东莞市各类型企业数据，全面分析东莞市企业投融资需求及发展趋势，深入探讨重点企业发展情况，详细论述重点企业投融资典型案例；围绕大数据平台、创赛平台、资本孵化平台等三大科技金融服务平台，运用所掌握的一手海量数据，深入研究三大平台的建设、运行、发展与作用，展现三大平台在服务支撑、推动创新创业、加速企业成长等方面的显著成效。五是探索与实践篇，全面阐述企业创新活跃度应用实践和东莞科技金融服务体系特色模式探索，系统总结近年来东莞市科技金融服务发展的实践经验。六是附录，包括东莞市私募基金和东莞市国内 A 股上市企业名单。

科技金融的发展与完善是一个漫长的实践和探索过程，本书对东莞市科技金融的发展进行了全面总结和系统分析，可为科技金融相关政府部门提供决策参考，为科技金融相关企业的业务探索提供有效支撑，为科技金融领域的研究者提供文献素材。

关键词：科技金融　创新创业　资本信贷　风险投资　引导基金

Abstract

Annual Report on the Development of Sci-tech Finance in Dongguan is the first book of the Dongguan Sci-tech Finance Series Annual Paper Launched by Dongguan computer center (Dongguan Sci-tech Development Research Center, Dongguan Productivity Center). This book focuses on the development of sci-tech finance in Dongguan. According to the contents published by the relevant government of Dongguan City and the large number of first-hand materials mastered by Dongguan computer center, the in-depth research and systematic analysis of the integration of science and technology, finance and industry in Dongguan City.

The book is divided into six chapters. Firstly, the innovative practice of sci-tech finance in Dongguan is mainly based on the empirical research on the combination of technology finance and technological innovation theory research and technology finance at home and abroad, comprehensively discussing the innovation of sci-tech finance in Dongguan, and proposing the development prospect of sci-tech finance. The second is Policy Articles. It systematically sorts out the policies related to sci-tech finance issued by Dongguan City since 2000, expounds the construction and improvement of the multi-level science and technology financial policy system in Dongguan, and studies the evolution of the science and technology financial policy system in Dongguan. The development of the city's science and technology financial policy. The third is Capital Articles, which comprehensively summarizes the new development of the financial industry brought about by the combination of science and technology and finance in Dongguan in recent years. It systematically analyzes the multi-level technology financial credit system, the direct financing system for venture capital, the direct financing system of the government venture capital guiding fund, and multiple levels. The construction, application and development of the four systems, such as the capital market system, explore in depth the process and approach of the integration of science and technology and finance in Dongguan. The fourth is the enterprise article, using a large number of data of various types of enterprises in Dongguan, comprehensive analysis of investment and financing needs and development trends of enterprises in Dongguan, in-depth discussion of the development of key enterprises, and detailed discussion of typical investment and financing cases of key enterprises. The fifth is Cooperate and Service. Focusing on the three major technology financial service platforms, such as big data platform, creation platform and capital incubation platform, we use the first-hand data to deeply study the construction, operation, development and role of the three platforms, and show that the three platforms are Significant results in service support, promoting innovation and entrepreneurship, and accelerating business growth. The sixth is Exploration and Practice, comprehensively expounding the application practice of enterprise innovation activity and the exploration of the characteristic mode of Dongguan science and technology financial service system, and systematically summarizing the practical experience of the development of science and technology financial services in Dongguan in recent years.

The development and improvement of sci-tech finance is a long process of practice and exploration. This book provides a comprehensive summary and systematic analysis of the development of sci-tech finance in Dongguan. It can provide decision-making reference for relevant government departments of sci-tech finance, and is a business of technology finance related enterprises. Exploration provides effective support to provide literature materials for researchers in the sci-tech finance field.

Keywords：Technology Finance；Innovation Entrepreneurship；Capital Credit；Risk Investment；Guiding Fund

目 录

Ⅳ　企业与服务篇

Ⅴ　探索与实践篇

Ⅵ　附录

皮书数据库阅读使用指南

CONTENTS

I General Report

II Policy Article

III Capital Articles

Ⅳ　Corporate and Service

Ⅴ　Exploration and Practice

Ⅵ　Appendix

总 报 告

General Report

B.1

东莞市科技金融的创新实践

王 洁 陈奕毅*

摘 要： 本报告在科技金融理论研究和国内外科技金融发展
经验总结的基础上，系统研究了东莞市科技金融综
合服务生态体系、科技信贷产品、创业风险投资和
信贷风险分担机制，发现东莞市构建具有地方特色
的科技金融综合服务生态体系，服务并推动各项科
技金融工作落地，助推各类企业尤其是高新技术企
业创新发展，科技金融工作成效十分显著。但与深
圳、上海、硅谷等地相比，诸多方面还有待完善。

---

* 王洁，在职研究生，东莞市电子计算中心主任、副研究员，研究方向为科技创新管理、
产业经济发展研究、创业管理等。陈奕毅，硕士研究生，注册会计师，东莞市电子计算
中心部长，研究方向为科技发展与科技政策。

基于此，本报告提出探索发展专业科技金融经营机构、大力发展科技金融中介服务体系、有序发展应用金融科技创新工具等三个发展展望。

关键词： 科技金融 科技信贷 风险投资 创新创业大赛

一 科技金融与科技创新

（一）科技金融

根据赵昌文等的定义，科技金融是促进科技开发、成果转化和高新技术产业发展的一系列金融工具、金融制度与金融服务的系统性、创新性安排，是由为科技创新活动提供金融资源的政府、企业、市场、社会中介等各种主体共同组成的体系。[①] 从以上定义可以看出，科技金融工作的目标有三个：促进科技开发、科技成果转化、高新技术产业发展。构成科技金融体系的主体包括政府部门、企业、社会中介以及相关的市场机制等，共同为科技创新活动提供金融资源支持。

杨刚研究指出资本市场和各类社会中介组织（包括资产评估机构、资产管理顾问公司、投资银行、知识产权交易机构）是科技金融市场发展的客观需要。[②] 赵昌文等对科技金融的重要参与主体做了详细的研究，其中包括科技金融的需求方、供给方、社会中介机构、政府有关部门等，同时也对科技金融体系的要素构成，如

---

① 赵昌文、陈春发、唐英凯：《科技金融》，科学出版社，2009。
② 杨刚：《科技与金融相结合的机制与对策研究》，吉林大学博士学位论文，2006。

政府财政科技投入、创业风险投资、科技贷款、科技保险、科技金融保障环境等做了研究。① 综合各类研究，科技金融的社会参与方一般应包含以下各类组织机构。

（1）创业投资引导基金。创业投资引导基金一般是由政府投资成立，以市场化运作为主，不以营利为目的的具有政策导向的基金，其成立的主要目标是为高新技术企业提供孵化基金，以及通过让渡收益的手段引导社会资本进入科技创新领域，促进科技企业及科技成果的产业化。目前成立创业投资引导基金已成为各地方政府发展科技金融的重要手段与方式。

（2）科技银行。我国的科技银行一般是传统商业银行成立的科技支行或其他新型金融机构，以满足监管要求和规避法律风险。科技银行或科技支行往往在管理运营与产品服务方面进行创新以满足科技型企业尤其是高新技术企业的发展需要。在运营管理方面，科技支行具有更高的风险容忍度，对企业的信贷审核也更加注重企业的非财务信息，如技术、产品及营销模式、创始人背景等；在产品服务方面，除了提供常规的债权融资服务以外，还能够为企业提供债权与股权相结合的融资服务，产品形式更为灵活。

（3）创业风险投资。创业风险投资是近年来发展迅速的科技金融模式。由于创业风险投资的风险和收益配比与高新技术产业的发展阶段较为吻合，因此创业风险投资与高新技术产业的发展具有天然的联系。美国"硅谷"模式的成功及我国深圳高新技术产业迅速崛起的经验均表明创业风险投资是科技创新与高新技术产业的重要孵化器，创业风险投资与高新技术产业的结合不仅解决了先进科技成果转化与产业化发展的资金来源问题，更是一个地区实现产

---

① 赵昌文、陈春发、唐英凯：《科技金融》，科学出版社，2009。

业转型升级，甚至是实现经济健康发展的重要推动力。

（4）科技担保与保险。为促进对高新技术产业的科技贷款，地方政府往往会设立政策性担保机构为高新技术企业的贷款提供增信。政策性担保机构除直接提供担保外，还通过与政府共同设立"风险补偿资金池"的方式分担贷款坏账风险，促进科技贷款。科技保险是各科技金融机构实现风险分散的另一途径。通过保险工具实现贷款坏账风险在不同社会机构间的分散与共同承担。目前我国的科技保险发展仍处于探索发展阶段。

（5）中介机构。科技金融体系中的中介机构包括信用评级机构、会计师事务所、律师事务所、资产评估机构、融资担保机构、信息咨询服务机构等。中介机构的存在能够减少科技金融市场主体间的信息不对称，提高资源配置效率，对科技金融体系的高效运行具有十分重要的支撑作用。

（二）科技金融与科技创新

1912年熊彼特发表了《经济发展理论》，首次提出了创新的概念。熊彼特认为创新是将新方法、新技术、新思维引入现有社会生产体系中，促进生产要素的重新优化组合，扩展社会生产曲线。这里的创新不仅仅包含技术上的创新，更包括了从企业内部管理到社会经济体制、社会观念的非技术创新，极大地扩展了人们对创新理念的认知。具体而言，创新可划分为五种类型。①技术（工艺）创新：在生产过程中使用了以前没有使用过的技术，新的商业模式也属于技术创新。②产品创新：全新的产品或是现有产品增加了新的功能或特性。③新资源开发：使用新的原材料等。④市场创新：发掘或创造新的市场需求。⑤组织管理创新：组织机构内部的管理方式或结构的创新。熊彼特的创新概念让人们意识到创新是促进经济社会发展与进步的核心动力。

索洛（Solow）对经济增长理论的研究表明，技术进步对经济增长至关重要。[①] 索洛在社会生产函数中将资本与劳动力这两大关键要素区分出来，而将不能由资本与劳动力两种生产要素解释的经济增长的其他部分影响统称为最广义的技术进步贡献，即全要素生产率。罗默进一步发展了经济增长理论。罗默认为知识能够提高投资收益，从而促进经济的增长，即全社会的资本存量水平与劳动力的素质水平对全要素生产率也会产生影响，从而创建了内生经济增长模型。随后，众多宏观经济学者深入研究并发展了罗默的内生经济增长模型，对技术进步如何导致经济增长进行了深入的研究。总之，技术的创新或产品质量的改进等诸多因素最后都会体现为全要素生产率的提高，从而促进经济的持续增长。

Ana Paula Aria 等的研究表明风险投资与企业创新之间有着紧密的联系，[②] 欧盟国家的实证数据表明，企业专利申请受到风险投资高低的显著影响，在某种意义上，风险资本可视为企业创新的内生变量。Chang Wei、Din Yugo 等构建 VAR 模型，利用中国企业数据进行实证分析，结果表明银行贷款与风险投资两者均有利于企业的创新产业发展，尤其是风险投资在促进企业创新方面的效率比银行贷款要高。[③] 芦锋、韩尚容利用 2003 ~ 2013 年全国 29 个省市地区的面板数据，对科技金融发展对科技创新及产业化三个阶段的影响进行了实证研究，结果表明政府科技投入、科技型上市公司占比

① Solow R·M·，"Technical Change and the Aggregate Production"，*Reuiew of Economics & Statistics* 8（1957）.
② Ana Paula Faria，Natalia Barbosa，"Does Venture Capital Really Foster Innovation?"，*Economics Letters* 122（2014）129 – 131.
③ Chang Wei，Din Yugo，"Hellen Zization of Venture Capital and Green Innovation of Chinese Entity Industry"，*Ecological Indicators* 51（2014）.

以及风险资本投入的增加，对专利授权数、技术市场成交额、新产品收入和高新技术产值等科技创新指标均具有正面影响。该研究同时指出：在新产品、新技术的孵化阶段以及科技成果转化阶段，财政科技投入影响较大；而在技术与产品的产业化阶段，科技型上市公司数量或科技型企业数量影响更为显著。[1] 总之，国内外的理论研究与实证研究大多支持以下观点：整体而言，科技金融的发展对一个地区或企业的科技创新具有显著的正向作用。

二 国内外科技金融结合模式及其借鉴

（一）国内典型科技金融服务模式

1. 深圳科技金融服务模式

深圳科技金融服务模式的主要做法可以概括为"以风险投资为导向，创新财政科技投入方式，发展壮大科技金融专营机构"。

（1）政策导向与政策文件。2012 年 11 月，深圳市出台了《关于努力建设国家自主创新示范区实现创新驱动发展的决定》，为促进科技和金融结合、建立科技资源与金融资源有效对接机制做好了顶层设计。作为配套措施，印发了《关于促进科技和金融结合的若干措施》，从科技金融结合的多个方面进行政策创新，促进科技与金融的结合。①创新科技投入方式，搭建完善的科技项目投融资扶持体系。②促进创业投资企业发展。综合施策，积极引导各类创业投资机构投资于初创期、成长期的高新技术企

---

[1] 芦锋、韩尚容：《我国科技金融对科技创新的影响研究——基于面板模型的分析》，《中国软科学》2015 年第 6 期。

业。③加强科技金融专营机构建设。支持金融机构与科技部门共同开展科技金融合作模式的创新试点，努力探索与尝试不同的科技金融结合方式。④引导金融机构开发创新业务品种。通过建立健全企业信用体系，完善企业无形资产质押融资的风险补偿共担机制，引导金融机构开展知识产权质押贷款等新型科技贷款。

目前深圳市科技金融工作的基本思路主要有以下几点。①大力推动科技融资贷款，联合传统金融机构共同打通高新技术企业的融资渠道。②着力搭建科技投融资服务平台，构建科技投融资体系，为风险投资市场的发展提供良好的环境支撑。③开展"资本市场促进行动"，联合券商、银行等金融机构，共同为企业走向资本市场提供深度服务，利用深交所的优势，鼓励并大力支持企业借助多层次资本市场做大做强。④搭建中小科技企业创新能力综合评价平台，利用对中小科技企业的评价数据，开展线上科技金融服务，为中小企业提供更加多元的融资渠道。围绕科技金融工作的思路与主线，深圳市相继出台了一系列科技与金融结合的指导政策措施。

（2）科技金融政策措施。深圳市主要通过优化财政科技投入的方式推动科技金融各项工作的发展。对深圳市科技金融政策文件的梳理（见表1），可以整体上刻画出深圳市科技金融工作的发展重点。

表1　历年深圳市科技金融相关政策措施

年份	政策文件
2008	《关于加强自主创新促进高新技术产业发展若干政策措施》
2011	《深圳市科学技术发展"十二五"规划》
2012	《关于促进科技和金融结合的若干措施》
	《关于促进科技型企业孵化载体发展的若干措施》
	《深圳国家自主创新示范区发展规划》
	《深圳市科技研发资金管理办法》

续表

年份	政策文件
2013	《深圳市科技研发资金投入方式改革方案》
	《深圳经济特区科技创新促进条例(2013年修正)》
2014	《深圳经济特区科技创新促进条例》
	《深圳国家自主创新示范区发展规划纲要(2013~2020年)》
	《深圳市未来产业发展专项资金2014年扶持计划》
2015	《深圳市财政产业专项资金股权投资管理办法(试行)》
	《深圳市关于促进创客发展的若干措施(试行)》
	《深圳国家自主创新示范区建设实施方案》
2016	《关于支持企业提升竞争力的若干措施》
	《关于促进人才优先发展的若干措施》
	《深圳市促进科技成果转移转化实施方案》
2018	《深圳经济特区国家自主创新示范区条例》

资料来源：项目组整理。

第一，天使投资。通过实施天使投资引导项目资助，撬动社会创投资本。每年从市科技研发资金中安排1000万元，针对市政府创业投资引导基金参股设立、以深圳战略性新兴产业早期项目为主要投资对象的天使基金投资的天使投资项目，经有关部门确认后，对被投资企业按其获得实际现金投资额的2%（最高50万元）予以一次性资助。

第二，创业投资。深圳市政府分阶段投资30亿元设立创业投资引导资金，扶持种子期和起步期的创业企业成长。建立天使投资人备案登记制度，创业投资引导资金对其所投资的种子期和起步期创业企业进行配投参股。

第三，私募股权投资。通过投资科技研发项目获得阶段性持有股权的方式，对企业予以有偿资助。参股期限一般为3年，最长5

年，且政府对参股企业原则上不控股且不成为第一大股东，不干预企业具体生产经营活动。通过企业上市、创业者回购、转让或者企业清算等方式退出，对达到研发绩效目标和业绩指标的可按照一定优惠条件退出。

第四，引导基金。发挥市政府创业投资引导基金的引导和放大作用，支持各区政府（新区管委会）设立创业投资引导基金，引导创业投资机构投资初创期、成长期的高新技术企业。支持民间资本参与发起设立创业投资、股权投资和天使投资基金。

第五，产业基金。加强与全国社保基金、中金公司等专业机构的沟通与合作，设立一批符合产业发展政策的大型产业投资基金，积极发展新金融业态，丰富高新技术企业投融资渠道。

第六，多层次资本市场。建立健全技术产权交易市场。依托中国（华南）国际技术产权交易中心和南方联合产权交易中心等平台，创新产权评估机制，开展专利技术评估、交易和管理保护等业务。发展深圳区域性交易市场，加快区域性场外交易市场建设，促进企业股权流动和股权融资。深圳柜台交易市场成为全国场外市场的重要组成部分，为非上市高新技术企业提供融资和股权交易平台。

第七，担保业务。市政府与担保机构、银行共同设立再担保资金，为企业小额短期资金需求提供信用再担保，扩大企业创新资金的来源渠道。鼓励政策性银行、商业银行、担保机构开展知识产权质押业务试点。市政府设立10亿元重点民营企业大额中长期银行贷款风险补偿资金，为骨干企业增信。

第八，信用贷款。通过实施银政企合作梯级贴息资助，撬动传统银行业资源投入科技金融市场。深圳市政府一次性从科技研发资金中安排4亿元作为委托贷款本金，以定期存款方式存入政府合作银行，约定政府存入的50%以上银行本金需实施信用贷款。合作银行应按受委托资金额度的6~10倍，在自主审贷、自担风险基础上，对科技部门项目库中的企业放贷，同时需按一定比例实施无抵押、无担保的信用贷款。即通过财政直接存款的形式促使银行加大对企业的信用贷款放贷力度。

第九，信用贷款风险补偿。对企业信用贷款产生的坏账风险，深圳市政府还设计了坏账风险分担机制。市财政每年安排风险准备金800万元，对合作银行产生的实际坏账损失予以事后风险补偿。合作银行的最高风险补偿金额为委托贷款本金的2%。

第十，贷款贴息。市财政每年安排贴息资金4200万元，对获得委托转贷资金的企业予以贴息。实施贷款贴息是为缓解高新技术企业融资贵的问题。贴息比例按基准利率计算，根据项目所属产业领域、企业性质和规模等因素设定贴息梯次，并根据实际贷款金额、银行信用风险、当年资金规模等因素确定具体贴息比例，具体比例每年根据市政府工作重点进行调整，贴息总额不超过企业贷款利息总额。

（3）科技金融市场主体培育。除了政府科技部门、金融部门外，社会金融机构是科技金融市场的参与主体。拥有一批高水平的科技金融机构是构建完善的科技金融市场体系的前提条件。多年来，深圳市积极推动各类型科技金融机构的发展，成立了若干科技金融服务机构，取得了显著的效果。

第一，深圳市创业投资引导基金。为加速创业投资行业的发展，深圳市成立了深圳创业投资引导基金，以政府投入的引导功能和杠杆效应带动社会资本投入创业投资领域。深圳创业投资引导基金主要撬动并引导各类社会资本投向战略性新兴产业，如生物、互联网、新能源、新材料、新一代信息技术和文化创意等，重点是初创期或早中期的创新型企业。在运作模式上，创业投资引导基金并不直接参与创投业务，而是以参股创业投资子基金的方式，发起设立或增资、投资管理、业绩奖励等按照市场化方式独立运作。

2016 年 10 月，引导基金正式委托深创投管理。深圳市引导基金自设立以来，有效吸引社会资金，放大财政杠杆，成效明显。截至 2017 年上半年，101 支子基金的设立方案已通过评审，其中，61 支子基金已签约并完成设立；101 支子基金总规模达 2491.07 亿元，引导基金承诺出资 521.02 亿元，已实际出资 203.36 亿元，财政资金放大近 5 倍，有效撬动了社会资本，发挥了财政资金杠杆作用。①

第二，深圳高新投集团有限公司。深圳高新投成立于 1994 年 12 月，是深圳市委、市政府为解决中小科技企业"融资难"问题而设立的专业金融服务机构，其核心业务为融资担保、金融产品增信、保证担保、投资、资产管理等，为企业提供自初创期到成熟期的全方位投融资服务。高新投是国内最早成立的专业担保机构之一，始终围绕"解决中小微科技企业融资难、融资贵问题"，通过融资与金融产品担保、保证担保、资产管理三大业务板块，逐步成为集科技银行、责任保险、资产管理于一体的现代化金融控股集团。高新投为企业提供包括流动资金贷款担保、小微企业集合信贷担保、知识产权质押贷款担保等服务，同时为各类债权产品提供增信与保本担保服务。在投资方面，高新投最早提出并实施投资与担保联动的机制创新，通过"股权 + 债权 + 多元化金融工具"的方式为科技型中小企业提供全方位科技金融服务。

第三，深圳市中小企业信用融资担保集团、深圳市中小企业信

---

① 资料来源：深圳市国资委网站，2017 年 8 月。

用再担保中心。着力发展信用担保体系，实现中小企业信用风险的分散与分担是深圳市发展科技金融的重要手段之一。为此，深圳市在 1999 年成立了深圳市中小企业信用融资担保集团，专注于为各类中小型企业提供一站式、全链条化的融资配套服务。自成立以来，深圳中小企业信用融资担保集团服务的中小微企业超过 1 万家，融资担保金额超过 2000 亿元，是深圳科技信贷市场的重要组成部分。为实现中小企业信用风险的进一步分散，深圳市于 2009 年成立了中小企业信用再担保中心。再担保中心是深圳市人民政府成立的不以营利为目的的政策性机构，其主要职责是受委托管理政府再担保资金，对会员担保机构符合条件的担保业务提供信用再担保，发挥财政资金的杠杆作用，建立小额短期贷款风险由担保机构、银行和政府逐级分担机制，降低中小企业贷款门槛，缓解中小企业短期资金需求担保难、贷款难问题。其主要产品有银行贷款再担保与集合发债再担保。

除政府成立的各类科技金融服务机构之外，深圳市还涌现了一大批活跃的社会中介机构，如各类专业的风险投资基金，政府科技扶持基金，券商投行部和非上市业务部，产权交易所，评估、会计、律师事务所及担保、信用、专利服务中介机构等，共同为处于不同成长阶段的中小科技企业和初期创业者提供资本服务。各类社会中介机构的涌现与发展是深圳科技金融服务领先于其他地区的重要标志。

2. 上海科技金融服务模式

2016 年，国务院印发《上海系统推进全面创新改革试验加快建设具有全球影响力的科技创新中心方案》。上海银监局、上海市科委等部门贯彻国家创新驱动战略，响应上海市委、市政府关于建设具有全球影响力科创中心的相关工作部署，既对标国际标准，又结合上海地方实际，实现监管制度安排和政府扶持政策的有效结合，打造科技金融服务的上海模式。通过制定《上海银行业支持上海科创中心建设的行动方案（2017~2020年）》，推动建立了符合区域科创企业特点的科技金融服务框架体系。

（1）科技金融机制创新。上海围绕科创中心建设目标，积极探索科技金融专业化经营模式，建立针对性的金融服务模式和配套监管机制。2015年，上海银监局发布了《关于上海银行业提高专业化经营和风险管理水平进一步支持科技创新的指导意见》，倡导"六专机制"和新"三查标准"，制定了科技信贷专业化标准。"六专机制"指专营的组织架构体系、专业的经营管理团队、专用的风险管理制度和技术手段、专门的管理信息系统、专项激励考核机制和专属客户的信贷标准。新"三查标准"则是在借鉴创投机构做法的基础上，鼓励商业银行执行具有"创投基因"的信贷标准与流程。截至2017年底，上海市已成立科技支行7家，科技特色支行89家，实现科技型企业贷款存量5235家，年度贷款余额超过2000亿元，其中科技型中小企业贷款余额达到54.11%。[①]

（2）探索投贷联动。投贷联动是对科技型企业同时提供"股+债"的融资服务。按"投"的对象不同，投贷联动可分为（集团）内部投贷联动与外部投贷联动。内部投贷联动指银行向本集团下属子公司中以自有资金进行股权投资的企业给予信贷投放。外部投贷联动指银行向非本集团关联企业中以自有资金或本集团关联企业、以非自有资金进行股权投资的企业给予信贷投放。投贷联动能够以股权投资带来的高收益弥补债权部分可能存在的信贷风险，实现科技型中小企业信贷风险与收益的匹配。2016年，国家银监会印发

---

① 资料来源：2017年上海市科技金融发展报告（后同）。

了《关于支持银行业金融机构加大创新力度开展科创企业投贷联动试点的指导意见》（银监发〔2016〕14号），将"上海张江国家自主创新示范区"列入试点地区，将上海银行、上海华瑞银行和浦发硅谷银行等三家银行纳入试点范围，鼓励试点地区与试点银行成立独立的投资功能子公司，并开展投贷联动试点工作。截至2017年底，上海市共试点执行投贷联动项下贷款企业数达到315家，贷款余额达60.9亿元，比2016年增长133.06%。自探索投贷联动以来，上海相关银行机构已累计为391家科技型中小企业提供投贷联动融资服务，累计发放贷款金额达到139亿元，为探索投贷联动机制的顺畅运行积累了丰富经验。

（3）建立多层级融资机制。上海通过多种方式为中小企业搭建多层级的融资机制。①科创母基金。目前上海市已有市级创业引导母基金8支，管理的资金规模达到685亿元。上海市16个区也都建立了自己的创业投资母基金或产业投资引导基金。同时上海市国有企业也积极投入科创投资活动。2017年9月，上海众多国有企业共同出资发起成立了上海科创基金，管理规模高达300亿元。②科技创新板。上海股权托管交易中心于2015年底建立了科技创新板，为科技型中小企业解决融资难、融资贵问题提供了新的渠道。截至2017年底，科技创新板共有挂牌企业172家，其中110家挂牌企业实现股权融资，金额达10.93亿元，139家企业获得债权融资达8.98亿元，平均每家挂牌企业可获得融资1千万元，成为缓解中小企业融资难题的重要途径。③特色基金。上海市积极鼓励发展特色基金，为社会的各类融资需求提供帮助。如成立科技创业公益基金，以债权的形式定向扶持大学生科技创新创业活动。同时积极争取上级基金支持，与国家科技部科技成果转化引导基金共同成立了绿色技术成果转化基金，管理规模达到35亿元。

（4）构建多方位的风险分担机制。构建符合区域发展特点的风险分担机制是科技金融工作的重要内容。上海市积极构建多方位的融资风险分担机制，优化中小企业融资服务。①政策性融资担保。2016年上海市与商业银行成立了上海市中小微企业政策性融资担保基金，以批量担保与个案担保的形式分别为科技型企业提供担保。到2017年末，该基金完成担保贷款总额达56.41亿元，有效支持了科技型中小企业的融资需求。②科技型中小企业和小微型企业信贷风险补偿。上海市设立了信贷风险补偿财政专项资金，对商业银行为符合条件的科技型中小企业和小微企业发放贷款所发生的、超过一定比例的不良贷款净损失进行补偿，以提高商业银行对中小微企业放贷的积极性。2017年市财政共向商业银行发放补偿金额8598万元。③天使投资风险补偿。2017年上海市印发了《上海市天使投资风险补偿管理实施细则（试行）通知》（沪科〔2016〕16号），正式开始受理天使投资风险补偿的申请，鼓励发展天使投资活动。④科技保险。上海大力发展科技保险和信用保险，为科技创新和中小企业发展提供保障。相继推出或推进了专利综合保险、专利质押融资保险、新材料首批次应用保险、首台（套）重大技术装备保险、生物医药人体临床试验保险试点等科技保险工作，为降低科技型中小企业的技术创新风险提供保险工具。2017年上海市为科技重大项目创新和科技企业融资提供的风险保额达到197.67亿元。

（二）发达国家科技金融服务模式

中小企业，尤其是科技型中小企业对一个国家或地区的产业环境、科技创新、就业岗位创造等均具有十分重要的意义。为支持中小企业的健康发展，各国均根据不同的文化与制度背景，选择不同的金融支持路径，探索不同的政策扶持措施，持续推动中小企业发展。本部分将重点考察世界主要发达国家或地区典型的对科技型中小企业的金融扶持模式，以期为东莞市科技金融体系的构建与优化提供可供参考借鉴的对象。

1. 以资本市场为主导的美国模式

（1）对中小企业的政策支持。美国联邦政府设置了专门服务于小企业发展的小企业署（Small Business Administration，SBA）。SBA 成立于 1953 年，主要任务是帮助美国小企业发展，尤其是帮助小企业解决融资难、融资贵的问题。SBA 通过国会直接获得政府拨款，用于向小企业发放贷款或提供贷款担保，帮助企业向社会金融机构获取融资支持，同时 SBA 还为小企业技术创新与技术转移提供政策支持。

第一，SBA 为小企业提供贷款或贷款担保。向小企业提供贷款或贷款担保是 SBA 为小企业提供直接资金支持的主要形式。SBA提供多种形式的贷款或贷款担保以满足小企业的不同需求，如 7（a）贷款、SBA 快速贷款计划、限额贷、SBA 小额贷、504 认证发展企业贷款计划等。[①]

第二，小企业技术创新资助计划（SBIR）及技术转移资助计划（STTR）。SBIR 计划是由 SBA 提供的一项具有高度竞争性的资助计划，旨在鼓励小企业积极参与具有商业化前景的联邦研发项目，既帮助小企业提升技术创新能力，又促进联邦科技成果的商业化。联邦政府内所有研发预算超过 1 亿美元的联邦机构均需要将其研发预算的 3.2%（2017 财年）用于 SBIR 计划。目前共有 11 个联邦机构参与 SBIR 计划，包括美国农业部、国防部、能源部、教育部等部

---

① *U. S. Small Business Administration Small Business Resource Guide 2018.*

门。SBIR 必须由来自小企业的人员担任项目负责人，项目共分三个阶段。阶段一：针对小企业所提交的研究计划书进行实验或理论论证，以确定其在科学、技术和商业方面的可行性，可获得联邦 10 万~15 万美元的资助。阶段二：进一步对计划的科学、技术和商业化程度做出评估，并根据实际情况增加相关内容，可获得联邦 75 万~200 万美元的资助。阶段三：将项目进行商业化应用，该阶段将没有联邦部门的资金资助，主要由小企业与有实力的私人企业共同推进。STTR 的主要目的是通过小企业与研究机构间的合作促进技术转让与联邦科技成果的商业化，其核心是促成小企业和非营利性研究机构间的合作，即在计划的第一阶段与第二阶段小企业就要与研究机构建立合作关系。

第三，小企业投资公司计划（SBIC）。SBIC 是由 SBA 监管的私营投资公司。SBA 对 SBIC 制定标准，颁发执照并对 SBIC 进行监管，并对 SBIC 的募资提供帮助。SBIC 独立运营，利用自有资金和外部募集资金对小企业进行股权、债权或组合投资，以期分享小企业的成长红利。SBA 会向 SBIC 提供优惠贷款支持，并可在 SBIC 向外募资时提供融资担保。SBIC 的最高杠杆可以达到 3 倍。

（2）硅谷银行模式。硅谷银行是银行业参与高新技术产业发展的典型代表，也是美国科技金融结合的重要模式之一。硅谷银行的特色在于建立了一整套与高新技术企业发展相契合的经营模式。在产品服务方面，硅谷银行提供灵活的抵押担保与定制化的金融服务与产品方案。根据高新技术企业不同的发展阶段与行业特色，由专业团队制订专业的金融资源配置方案，并根据高新技术企业的发展变化进行及时的调整，以满足企业的个性需求。在风险控制方面，建立了全流程的动态风险控制系统，并与创业风险投资企业进

表2　硅谷银行不同的产品组合

项目	加速器企业贷款	特殊金融部门贷款	商业金融部门贷款	流动资金循环授信
企业发展阶段	研发阶段，通常接受过1、2轮股权投资	继续研发，且有首批客户，通常接受过2、3、4轮股权投资	继续研发，有较多客户，销售快速增加	销售形成一定规模
财务流动性	基本没有	较差	一般	较好
期限	2~3年	1~2年	1~2年	1~2年
用途	设备购买、产品研发、小额并购等	支持运营资金需求	支持运营资金需求	支持运营资金需求
担保方式	一般留置权，即对公司所有的资产都有留置权，通常也包括知识产权，进入市场而产生的应收账款可替代知识产权作为抵押			
借款基数	基于企业发展规划及风险投资资金使用进度和后续投资进度	基于单张应收账款发票	基于应收账款池	基于应收账款池或不要求借款基数
资金控制	无	大部分结算需通过硅谷银行，应收账款回款必须用于归还贷款	大部分结算需通过硅谷银行，应收账款回款必须用于归还贷款	公司可自由处置应收账款还款
还款来源	①VC/PE投资资金 ②被并购后的资金 ③少量的经营现金流	①应收账款下的经营现金流 ②其他现金流	应收账款下的经营现金流	应收账款下的经营现金流
还款方式	每月等额本息	应收账款回款偿还贷款	应收账款回款偿还贷款	期限内随借随还
认股权证	有	一般不要求	一般不要求	一般不要求

资料来源：《我国科技金融发展研究——理论基点及体系构建》。

行联动。硅谷银行与风险投资机构建立了紧密的合作关系，优先向风险投资机构投资的企业提供信贷服务，并加强与风险投资机构间的信息交流，共同开发与培育高新技术企业。在团队建设方面，硅谷银行建立了具有丰富经验的专业团队，不仅包括银行业人才更包含了众多科技行业专家，专注于各主要类别高新技术行业的发展。硅谷银行的多数员工只服务于特定的高新技术行业或特定阶段的高新技术企业，以确保对目标客户所在的行业市场、企业发展阶段、面临的主要风险、未来的发展趋势等核心信息具有足够深刻的了解。

硅谷银行成功的关键是拥有一支对高新技术行业及企业具有深刻认识与理解的人才队伍，依靠专业判断对目标客户进行风险甄别。与市场化风险投资机构的紧密合作是硅谷银行最大的特色，通过风险投资机构，硅谷银行能够更为深入地了解目标客户，另外，通过投贷联动——优先给予风险投资机构投资的企业贷款支持，既能直接利用风险投资机构的价值判断，又能减轻信用风险——这些被投企业接受了风险投资，往往拥有更高的资本金，抗风险能力也更强。

（3）风险投资市场。风险投资是推动美国高新技术行业快速发展的主要金融模式。在各类融资工具中，风险投资对收益的要求最高，同时对风险的容忍程度也最高，这种特征与高新技术行业的高风险和高收益并存的风险特征最为吻合。美国是全球风险投资市场的标杆。根据美国风险投资协会的数据，2017年美国风险投资市场共发生8076起投资事件，交易价值总额达到842亿美元，创历史新高，达2008年的两倍左右，如图1所示。美国活跃的风险投资市场的形成主要得益于以下几个方面的原因。①法律保障与政策支持到位。美国国会颁发的《小企业投资法》与《小企业法》

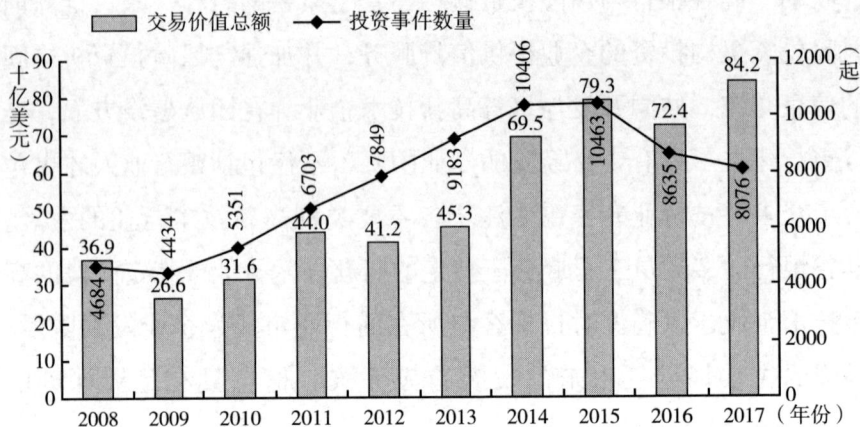

图1　美国风险投资市场投资事件数量和交易价值总额情况

资料来源：美国风险投资协会，*PitchBook – NVCA Venture Monitor*。

均明确规定鼓励、扶持、保护风险投资的发展，为风险投资提供了根本的法律保障。联邦政府则对风险投资提供税收优惠、融资补贴、信息支持等诸多支持，鼓励风险投资市场发展壮大。②风险投资机构拥有异常丰富的资本来源。金融机构是美国风险投资市场的主要资金来源，包括商业银行、保险公司、投资银行以及养老基金。美国在20世纪70年代就通过法律允许私营和公共养老基金进入风险投资市场，很大程度上改变了风险投资资金的来源结构，养老基金成为美国风险投资市场最大的资金来源。③风险投资机构拥有非常畅通的投资退出机制，其中的关键是美国成熟的多层次资本市场。一般风险投资的退出方式有三种：企业上市、兼并收购、破产清算。据统计，在美国风险投资事件中这三种退出方式各占1/3左右。而企业公开上市（IPO）是风险投资机构获取超额收益的主要方式。美国成熟的多层次资本市场为不同企业的融资需求提供了完善的市场体系，一般包括四个层次的交易体系。第一层次以纽约证券交易所为代表，主要面向大型成熟的企业。第二层次以纳斯达克市场为主，主要面向规模较小的成长型企业。第三层次是区域性的股票交易市场，如芝加哥证券交易所等。第四层次是众多的场外柜台交易市场。这些交易所和交易体系的发展为美国众多中小企业实现资本上市与风险投资资本退出提供了有效的途径。

2. 政府主导的日本模式

与美国市场不同，日本金融市场具有银行体系发达、资本市场发展不完善、风险投资行业不发达等特点。日本政府推进科技和金融结合的主要模式是通过政策性手段，以金融中介尤其是银行机构为主导推进针对高新技术产业的融资发展。政策性科技金融手段是日本模式的一大特征。

（1）银行业主导的间接融资体系。银行是日本企业外部融资的最主要渠道。由于历史和文化的原因，日本的大型银行通过主银行制度与关联企业建立了稳固的关系型融资制度，即大型银行与企业间存在紧密的股权联系，有时主银行甚至会直接介入关联企业的经营管理。这种制度确保了银行对企业的足够了解，主银行往往会倾向于向关系型企业提供融资支持，以期获取共同发展的红利。这种制度同时也意味着大型银行与关联企业建立了一种紧密的共担风险的制度，极有可能导致道德风险事件的发生。

（2）日本政策性金融机构。与其他发达国家相比，日本是为中小企业提供政策性融资支持最多的国家。日本主要通过成立政策性金融机构为中小企业提供融资支持，共有各类政策性金融机构几十家，其中最为著名的是被称为"三大中小企业金融机构"的中小企业金融公库、国民生活金融公库、商工组合中央金库。中小企业金融公库成立于1953年，主要目标是促进中小企业的成长与发展，对难以获得一般金融支持的中小企业提供长期信贷支持，如用于设备及基础设施投资的长期贷款和用于发展新技术以促进出口的特别贷款。国民生活金融公库成立于1949年,主要为中小企业提供流动资金支持,如用于维持中小企业生产经营的小额贷款,同时也提供升学贷款产品。商工组合中央金库成立于1936年,是以中小企业协会及其会员为融资对象的金融机构,政府提供部分资本金支持,并认购其发行的债券。商工组合中央金库的贷款产品有两类,一类是基于政府政策引导面向广大中小企业的特别贷款,另一类是面向特定行业协会的贷款,例如面向卡车协会的贷款主要用于物流设施的建设及卡车行业员工的福利设施建设,其贷款限额由行业协会决定。政策性金融机构的存在起到以下几个作用。①逆周期调节。在经济周期下行、商业金融机构压缩贷款时,政策性金融机构增加贷款额度,起到逆周期调节的作用。②为高新技术行业或企业的发展提供融资支持。新兴企业或新兴行业的外部融资往往面临较大困难,政策性金融机构成为为数不多的融资来源之一。③降低中小企业的融资成本。政策性金融机构的公益属性,其贷款利率全国统一,从而为部分地区的中小企业降低了融资成本(市场竞争环境不同,日本不同地区市场利率存在较大差异)。

(3)中小企业融资信用担保制度。除了政策性金融之外,对中小企业融资的信用担保制度也是日本中小企业融资的一大特色。中小企业信用担保制度的执行离不开两个机构——日本信用保证协会与信用保险公库,两者共同构成了中小企业融资信用担保体系。信用保证协会及其下属机构负责对中小企业提交的担保申请进行处理与审批;信用保险公库则利用保险工具对信用保证协会担保的债务进行保险和再贷款,实现风险分担。中小企业向信用保证协会提交担保申请,通过审批后缴纳信用保证金,基本保证金为有抵押的年率为1.25%,无抵押的年率为1.35%。信用保证协会进行的担保原则上均需信用保险公库进行信用保险，并向保险公库提交保险费用。当中小企业无法偿还贷款，发生代位偿还时，信用保证协会可向保险公库提出补偿，一般保险补偿率可达70%。统计表明，日本约四成的中小企业利用信用保证协会的担保工具进行融资，可见信用担保制度在支持中小企业融资方面起到了至关重要的作用。

3. 政府与市场相结合的欧盟模式

欧盟在对中小企业的金融支持方面，既注重为中小企业融资提供方便，又注重改善中小企业发展的外部环境，致力于打造适合中小企业成长的良好环境。

（1）法律法规保障。2008年欧盟委员会颁布了针对中小企业发展的框架性政策文件——《小企业法案》（*Small Business Act*）。该法案的主要内容是发挥并促进欧洲地区企业家精神，简化中小企业的监管和政策环境，并消除妨碍中小企业发展的各类障碍。此外，欧盟理事会还于2000年通过了欧盟小企业宪章，明确了支持中小企业发展的十大行动纲领：企业家精神的培育，使创立中小企业更快捷、成本更低，更好的立法和监管，技能获取，改进网上服务，不局限于单一市场，税收与融资，加强技术能力，加强电子商务，建立更有力、高效的小企业代表机制。欧盟各国均需围绕这十大行动纲领优化中小企业发展环境。

（2）欧洲投资银行。欧洲投资银行是政策性金融机构，致力于为欧盟国家提供完善的金融服务。对中小企业的金融支持是欧洲投资银行的重要业务，2014年欧洲投资银行共为超过29万家欧盟地区的中小企业提供融资支持，其中90%以上是贷款。为进一步加强对中小企业的金融支持，欧洲投资银行与欧盟理事会共同设立了"风险共担金融工具"（Risk-Sharing Finance Facility，RSFF）。

RSFF 本质上是面向中小企业尤其是科技型中小企业的信贷风险准备资金池，由欧盟提供专项财政资金 10 亿欧元、欧洲投资银行配套 10 亿欧元共同构成。RSFF 的标杆率可达 4~6 倍，即以 20 亿欧元的风险准备金，欧洲投资银行向中小企业发放的贷款需达到 100 亿欧元。当 RSFF 贷款无法偿还时，由风险准备资金池按一定比例进行代偿。

（3）欧洲投资基金。欧洲投资基金由欧洲投资银行、欧盟及其他金融机构联合成立，是一家股份制、非营利性、政府主导的、向中小企业提供融资支持的专门金融机构。欧洲投资基金主要通过两种方式撬动社会投资。一是股权投资。欧洲投资基金通过入股部分风险投资机构或私募股权基金，引导这些市场化的投资机构为创业早期的中小企业提供融资服务。在股权投资方面，欧洲投资基金起到了政府引导基金的角色，目前欧洲投资基金已经与德国、英国、土耳其、西班牙、葡萄牙等欧盟国家不同的机构成立了多支面向特定市场的风险投资基金，用于支持区域内的中小企业发展。二是债权投资。欧洲投资基金并不直接对中小企业提供贷款服务，而是与其他的金融机构建立广泛业务联系，为其他金融机构的中小企业贷款提供担保服务。欧洲投资基金是欧洲信贷增级基金的主要投资者，通过提供保证金、股权资金等多种信贷增级金融解决方案，与金融中介机构共担风险，提高金融机构对中小企业发放贷款的积极性。

（三）国内外科技金融服务模式的经验借鉴

从以上国内外不同国家与地区，以及不同城市的科技和金融结合的模式可以看到，科技金融服务的融资方式大体可以分为四大类型：股权融资、债权融资、政策性融资、内源型融资。其中政策性融资往往需要依赖其他三种融资方式进行。考察当前各地的科技金融服务模式，可以得到以下几点经验借鉴。

1. 创业风险投资是支撑高新技术产业发展的有效手段

美国高新技术产业，尤其是硅谷地区高新技术产业的发展过程表明风险投资是高新技术产业健康发展的重要支撑。高新技术产业往往具有高风险、高收益、轻资产、长周期等特点，这些风险特征导致高新技术产业在发展初期难以对接债权融资。内源型融资与政策性融资往往金额较小、周期短，仅能在种子期发挥较大作用，而且政策性融资还会面临较为复杂的政府行政事务，均难以有效支持高新技术企业的快速发展。大部分情况下，获得股权融资往往是高新技术产业融资的最佳方式。深圳市是国内风险投资最为发达的城市，深圳风险投资基金管理规模占全国的一半以上，成为深圳高新技术产业发展最为有力的支撑力量。各地在实践科技金融服务过程中均将发展股权融资市场尤其是风险投资市场作为科技金融工作的重要内容之一。

2. 传统金融机构仍是科技金融最重要的参与主体

商业银行等传统金融机构是金融体系中的核心力量，尤其是在我国，商业银行更是金融体系绝对的主力军。科技金融服务的发展离不开传统金融机构的转型与支持。当前国内各地均积极鼓励传统商业银行发展科技金融、普惠金融业务，以支持新兴产业的发展。如上海银行业的"六专机制"和新"三查标准"为探索传统金融机构参与科技金融服务提供了有益借鉴。硅谷银行的经验也表明，传统银行机构通过内部管理改进、创新产品方案、引进特色人才等方式同样能够在科技金融服务方面发挥不可替代的作用。

3. 政府政策性金融的角色不可或缺

各国科技金融模式中政府的政策性金融都是一个非常重要的部

分。为促进中小企业与科技创新的发展，各国政府首先在法律法规中明确了政府在扶持中小企业发展中的责任与义务，并组建了专门的部门机构服务中小企业发展，如美国的小企业署（SBA），日本经济产业省下的中小企业厅等均是覆盖全国的国家行政机构。除此之外，各国政府均成立了专门的政策性金融机构帮助中小企业融资或直接向中小企业提供资金支持，如美国 SBA 下属的 SBIC，日本三大中小企业金融公库，欧盟投资银行、欧盟投资基金等均属于政策性金融机构。政策性金融机构的存在解决了部分由市场失灵造成的中小企业融资难题，是科技金融体系中的重要一员。

三 东莞市科技金融的创新实践

活跃的科技金融服务中介体系是各类科技金融参与机构良好运转的重要保障。东莞市电子计算中心作为广东省科技金融综合服务中心东莞分中心的依托单位，在广东省与东莞市科技部门的指导下，积极构建具有东莞地方特色的科技金融综合服务生态体系，服务并推动各项科技金融工作的落地，助推各类企业尤其是高新技术企业创新发展。

（一）构建科技金融综合服务生态体系

东莞市电子计算中心紧抓省市共同推动科技与金融结合、助推企业高质量发展的有利契机，以广东省科技金融综合服务中心东莞分中心（简称东莞分中心）为依托，建立了以"科技金融大数据平台、创新创业大赛平台、资本孵化平台、科技金融工作站网络"等"三平台一网络"为核心的科技金融服务网络，形成了具有东莞地方特色的科技金融服务生态体系，为推动企业尤其是科技型中小企业的高质量发展提供了坚实的科技金融服务支撑。

1. 建立科技金融大数据平台，形成以数据驱动为核心的企业信用评价与科技金融产品创新模式

东莞分中心以科技统计数据信息为重点，通过加强与统计、金融部门的合作，充分借助信息技术手段，整合各政府部门公开的企业信用信息，集多方资源于一体，建立了东莞市科技金融大数据平台。目前东莞科技金融大数据平台共收录了包括所有高新技术企业与主要规模以上工业企业在内的万余家企业的多年经营信息与科技创新数据，并实现了对主要高新技术企业经营活动的季度动态监测。大数据平台的建立，破除了普遍存在的"信息孤岛"现象，为完善企业信用评价体系及开发针对性的科技金融创新产品提供了坚实的数据与信息保障。依托东莞科技金融大数据平台，东莞分中心积极挖掘大数据价值，开发科技金融服务产品，加强与金融机构的合作，共同推动对企业的科技金融服务。研发并发布了东莞市高新技术企业创新活跃度评价体系，实现对高新技术企业发展态势的季度监测，为金融机构筛选企业、开发创新产品、强化企业贷后管理提供了全新的手段。与东莞银行紧密合作，联合研发了针对科技创新型企业的信用评价模型，发布了"数据贷"科技金融产品，实现了对高新技术企业授信的预先审批，形成了授信白名单，变"企业上门求授信"为"机构上门送贷款"，既有效降低了金融机构的业务成本，又有力缓解了科技型中小企业的融资难题。

2. 建立创新创业大赛平台，形成以大赛平台为核心的招才引企与风险投资发展新模式

东莞市电子计算中心分别承担了东莞市与松山湖高新区创新创业大赛的策划与组织工作。经过多年的发展与创新，创新创业大赛

已经成为吸引全世界优秀人才、团队和企业关注、认识东莞并落地东莞的重要载体。据不完全统计,创新创业大赛共吸引来自全世界的参赛项目累计达到 3800 余个,通过大赛直接落地东莞的项目达 390 余个,充分体现了创新创业大赛招才引企的突出作用。同时,创新创业大赛也是帮助企业融资及引领风险投资发展的重要载体。通过大赛平台,有近 40 家企业获得直接债权融资 1.73 亿元,80 家企业获得风险投资达 2.97 亿元,有效缓解优秀企业融资难题,有力推动了企业高质量发展。创新创业大赛在组织过程中以吸引风险投资机构为重要出发点,将风险投资人及机构纳入大赛组织活动的全流程,吸引全国的风险投资机构关注、认识东莞,极大地增加了国内风险投资界对东莞的了解,并吸引了一批风险投资机构进驻东莞,形成了松山湖基金小镇等风险投资机构集聚区,有力提升了东莞风险投资行业的发展水平。

3. 建立资本孵化平台,形成以虚拟孵化为核心的企业孵化成长新模式

建立了东莞弈投虚拟孵化器,引进深圳领先的金融资本理念与优秀资本人才团队,通过引进外部资本与稀缺资源的方式,为企业提供全生命周期的资本孵化服务,推动企业加速成长壮大。目前资本孵化平台已建成了线下实体孵化空间、全球路演中心、创业咖啡吧、弈投学院、专业导师团队等孵化资源载体,形成了覆盖尽职调查、经营梳理、优势发掘、问题剖析、解决方案等一系列虚拟孵化服务能力。为保障资本孵化服务的规范与效果,东莞市电子计算中心主导制定了《科技企业虚拟孵化服务规范》(DB44T 2107 - 2018,自 2018 年 4 月 20 日起实施)广东省地方标准,对虚拟孵化服务的操作流程进行了规范,既保障了对企业的服务效果,又有利于对外推广服务。依托资本孵化平台,与前海股权交易中心等机构

紧密合作，面向东莞高新技术企业和先进制造业、现代服务业等行业中高成长性企业设立了单独的第四层次资本市场板块，通过私募、非标和定制的方式，为挂牌企业提供系列化、全方位服务，打造集挂牌、孵化、融资、发行、转让等功能于一体的东莞"科创板"，服务企业的多样化融资需求。

4. 建立科技金融工作站网络，形成以工作站为核心的市、镇、企三级联动的科技金融服务落地新模式

为实现科技金融服务的全域覆盖，东莞分中心根据东莞区域分散、企业集中的特点，建立了覆盖全市所有镇街（园区）以及重要企业孵化器、加速器等企业集聚区的科技金融工作站网络。科技金融工作站以镇街（园区）基层科技部门、企业孵化器等为主体，以科技金融专员为业务骨干，将科技金融服务下沉至为企业提供服务的第一线，解决科技金融服务落地的"最后一公里"问题。目前，东莞市已建立了科技金融工作站 49 家，覆盖了全市所有的镇街（园区）以及主要的企业集聚园区，成为企业寻求科技金融服务的重要渠道。

（二）鼓励科技信贷产品创新

科技信贷是当前科技型中小企业获取外部融资的主要方式。一方面是由于目前银行类金融机构依然是我国金融体系中最重要的参与主体，企业获取外部融资支持的主要渠道仍然是银行体系；另一方面是由于贷款相对于其他融资方式发展得更为成熟，具有成熟可靠的风控体系和与之匹配的从业人员体系，也更为广大企业群体所认知与熟悉，因此企业获取外部融资往往首选科技信贷产品。东莞市积极采取各项措施促进科技信贷业务创新发展，切实解决不同类型科技型企业的融资难与融资贵问题。

1. 积极发展知识产权质押融资

科技型中小企业具备良好的发展前景，由于其发展方式不同，轻资产的特征尤其明显。科技型中小企业土地、厂房、机器设备等实物资产在其资产结构中占比很低，而人力资本、知识产权、商誉等无形资产占比显著高于传统工业企业。如何依托大量的无形资产向外部融资是解决科技型中小企业融资难题的关键。在此背景下，知识产权质押融资方式应运而生。2016年2月，东莞市出台了《东莞市专利促进项目资助办法（修订）》（东府办〔2016〕20号），对企业的专利创造、专利管理、专利应用、专利融资等专利全流程活动给予积极的支持。在专利质押融资方面，对专利质押融资贷款产生利息的70%给予补贴，最高可达100万元；对中介机构按其服务企业专利出质获得银行贷款的1%给予奖励资助，最高可达50万元。除此之外，东莞市每年专门举办专利质押融资项目对接会，为企业与金融机构以及中介机构提供对接和交流的平台，积极推动企业应用专利获取外部融资以支持企业的发展。经过两年的发展，东莞市专利质押融资取得了巨大进步，无论是在专利质押数量还是质押融资金额方面均走在全省前列。截至2017年底，东莞市专利质押融资登记项目40项，总金额达62.758亿元，占全省专利质押融资总额的58.23%；其中，广东东阳光药业有限公司以18件发明专利作为部分出质物，获得32.23亿元贷款，创广东省单笔专利质押融资金额历史新高。

2. 大力发展中小企业信用贷款

信息不对称与增信手段不足是造成中小企业尤其是科技型中小企业融资难现象的重要原因。为改善企业与金融机构之间信息不对称情况，东莞市积极打破政府各部门间行政壁垒，打造全市统一的"东莞市企业信用信息公示系统"，将发改、经信、科技、人力资源、财政、国土、环保、税务等部门的行政审批与行政处罚信息进行整合，并向全社会开放。各金融机构也加强与政府部门的合作，进行信息共享，开发多种面向中小企业的信贷产品。如与税务部门合作，根据企业缴纳税收的情况直接给予企业信用额度的"银易贷"；根据科技计划立项、财政资助的项目情况直接给予企业信用的"拨贷联动"计划；同知名风险投资机构合作，根据企业获得的风险投资机构投资额给予企业信用的"投贷联动"等。同时各金融机构积极应用大数据技术，对银行自身积累的大量企业历史数据进行深度挖掘，开发大数据信贷模型，简化企业信贷申请手续，为众多中小企业提供更多可获得的信贷产品。

3. 支持金融机构探索创新产品

长期以来，商业银行对工商企业的评价体系一直沿用以"资金流"为核心的综合评价体系，对大中型企业以审计财务报表为核心开展评价；对小微企业则通过分析企业的日常经营行为数据来间接测算资金流，通过各项财务数据公式预测未来资金流，预测企业的成长和发展。对于科技型企业，原来的评价标准并不适用。科技型企业具有轻资产、人力资本密集、无形资产占比高等特点，而这些因素在传统银行评价体系中的权重占比很低。为解决科技企业的评价难题，探索产品创新，中国建行银行广东分行创新性地提出了科技金融"技术流"综合评价体系，将科技创新要素作为核心资源对企业进行系统评价。"技术流"评价体系分为基础"技术流"体系和广义"技术流"体系。基础"技术流"体系指科技创新企业在时间轴上的专利结构分布、数量分布及其量化分析策略；广义"技术流"是全景量化测评企业科技创新行为和成果的多维大数据体系。"技术流"评价体系打破了银行传统信贷评价模式，把过往的看"砖头"、看现在，调整为看技术、看未来，以专利为基础，形成了评判"技术流"的 30 余个维度。将每年企业发明专利和实用新型专利的数量构成曲线图，如果这条曲线未中断，则可认定企业已形成稳定"技术流"，如果曲线呈上升态势，企业可被认定为具有价值和成长性。继而把科技企业专利权的数据流、科研收入与奖补等反映企业技术创新实力的要素转化为评价指标加分项，从而让更多轻资产的科技企业获得银行融资，或得到更高额、更低成本的资金支持，成为解锁"融资难、融资贵"难题的有效工具。

（三）着力发展创业风险投资

硅谷、深圳等地区高新技术产业发展的成功经验表明，创新创业风险投资是促进一个地区高新技术产业快速发展的关键因素。为促进创业风险投资行业的发展，东莞市积极采取多项措施引导、扶持创业风险投资机构。

1. 创业投资引导基金

政府引导基金是各地政府引导风险投资行业发展的重要措施。早在 2012 年 7 月，东莞市即成立了"产业转型升级及创业投资引导基金"，总规模达到 20 亿元，尝试以引导基金的形式推动风险投资行业的发展。该基金的成立有效推动了全市风险投资事业的兴起。在产业转型升级及创业投资引导基金的带动与支持下，2013 年始，中科中广、华科松湖等一批风险投资基金开始陆续成立，不同行业的主题基金以及各地方镇街政府的引导基金纷纷成立，东莞股权投资、风险投资的社会活动显著增多。截至 2017 年底，东莞已有各类创业投资引导基金 11 支，基金总规模超过 200 亿元，成为东莞风险投资市场中最重要的参与、引导机构。

2. 科技创新创业大赛

科技创新创业大赛是集优秀企业融资、风险投资机构筛选企业、政府计划项目支持企业、活跃社会风险投资氛围等功能于一体的科技金融综合性活动。2013 年始，东莞市改革科技型中小企业创新基金评审机制，以创新创业大赛的形式替代专家评审立项。目前东莞市科技创新创业大赛已连续成功举办了五届，成为地区科技创新活动中的一件大事。经多年积累，东莞科技创新创业大赛已形成自身发展的特色，得到国内投资机构与投资人的广泛好评。

一是参赛项目质量高。东莞科技创新创业大赛征集项目来源不局限于市内，在深圳、中国香港、中国台湾以及硅谷等地区均设有分赛场，实现了参赛项目征集全球化。2013 年以来，东莞市创新创业大赛征集的参赛项目达 1700 多个，主要来自先进制造、电子信息、新材料、生物医药等当前创新活动最为活跃的领域。

二是赛事评审市场化。为充分发挥创新创业大赛对创业风险投

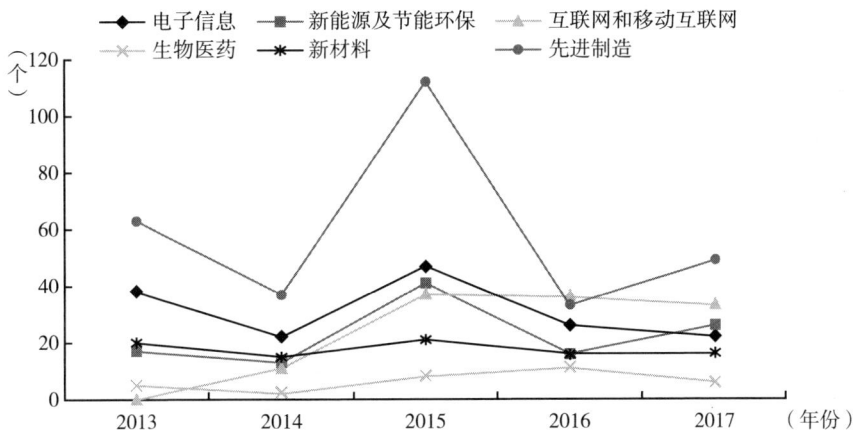

图 2　2013～2017 年科技创新创业大赛企业组报名情况

资料来源：项目组整理。

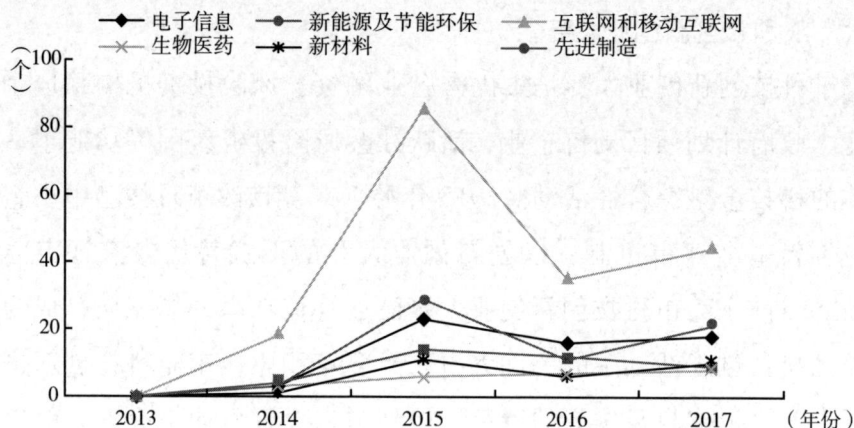

图3 2013～2017年科技创新创业大赛团队组报名情况

资料来源：项目组整理。

资行业发展的带动作用，推动更多国内创投机构认识东莞、了解东莞，大赛评审组织完全以创投机构考察投资项目的要求进行组织。大赛评委大多是来自国内领先创投机构的投资人，如深创投、达晨、粤科创投等，以及上市公司董事长、总经理等行业资深人士，完全以创业投资的要求对项目进行考核，最大程度评选出最优秀的项目。

三是赛后对接常态化。为持续发挥大赛影响力，最大程度促进参赛项目和国内外投资机构间的了解与对接，大赛组织单位在赛后安排了持续性的参赛项目与投资机构间的对接会。结合不同投资机构的投资偏好，组织专题投资对接会，不断丰富对接内容，推动优秀企业与投资机构成功对接。以2016年创新创业大赛为例，成功促成天使投资或风险投资19项，总投资金额近8000万元，有力支持了种子期、初创期企业的发展，也极大地促进了东莞风险投资理念的普及与投资氛围的提升。表3列举了部分创新创业大赛项目获得风险投资的情况。

表3 部分创新创业大赛项目获得风险投资情况

单位：万元

项目名称	获奖情况	获投金额
×××人工智能及自动驾驶感知技术	团队组一等奖	2036.40
大尺寸柔性电子触控	团队组二等奖	250.00
×××机器人竞技	团队组三等奖	100.00
×××提示校园	团队组三等奖	2000.00
×××新型材料	企业组三等奖	25.00
×××人类疾病诊断平台	进入决赛	50.00
×××互联网＋影楼	进入决赛	100.00
×××倾斜摄影及三维模型应用	进入决赛	285.00
×××早期诊断试剂盒产业化项目	进入决赛	50.00
×××能源管理系统	进入决赛	150.00
×××云监控	进入决赛	100.00
×××产业化项目	进入决赛	126.00
×××技术及应用	进入决赛	900.00
×××自动绕线焊锡一体机	进入决赛	800.00
×××洗手产品	进入决赛	200.00
×××就医综合服务平台	未进入决赛	166.67
×××旅游服务平台	未进入决赛	50.00
×××智园	未进入决赛	15.00
×××水冷机箱	未进入决赛	35.00

资料来源：项目组整理。

3. 推进多层次资本市场发展

多层次资本市场是科技金融工作的重要组成部分，是创业风险投资后端退出的主要渠道之一，也是社会知名度与影响力最高的金融市场。东莞市历来重视资本市场建设，积极推动、支持东莞企业实现资本上市。早在2008年，东莞市就启动了企业上市梯队建设，每年认定一批上市后备企业，重点扶持其实现国内外上市。2008~2017年，东莞市共认定了11批共182家上市后备企业，建立了一支相对完备的企业资本上市梯队。近年来，随着我国资本市场改革的不断深入，企业资本上市快速发展。2017年东莞市共新增上市公司10家，创历年最高水平，其中8家企业在A股市场上市，1家在香港联交所上市，1家在美国纳斯达克上市。截至2017年底，全市境内外上市企业增至43家，全国股转系统挂牌企业达202家，居华南地区地级市首位、全国地级市第三位。在A股上市方面，至2018年3月，东莞市在国内A股市场实现上市的企业共有27家，其中在2017年上市的企业达到8家，共融资27.59亿元，是历年在国内A股上市数量最多、融资规模最大的一年。截至2018年3月，东莞市还有3家企业已将材料申报至中国证监会，16家企业在广东证监局备案，企业上市后备梯队建设成效显著。

（四）构建信贷风险分担机制

风险分担机制是科技和金融结合工作的重要内容。科技金融引导政策的作用机理也是通过建立金融机构信贷风险分担机制，降低金融机构科技信贷违约损失，激发金融机构对科技金融产品创新的积极性。东莞市通过建立多种方式、多种渠道的风险分担机制，以财政资金出资为引导，共同建立金融风险共担机制。

1. 成立信贷风险补偿资金池

金融机构信贷风险补偿资金池是针对金融机构向科技型中小企业发放科技信贷后的违约风险所造成损失的补偿。2016年，东莞市财政出资2亿元建立了银行信贷风险补偿资金池，将符合条件的银行机构对科技型中小企业的信用贷款均纳入风险补偿资金池保障范围。一旦保障范围内的科技贷款出现违约，银行机构可向资金池申请一定额度的损失补偿，从而降低信用风险发生时金融机构产生的损失，激发金融机构面向科技型中小企业发放信贷的积极性。

2. 大力发展融资担保机构

融资担保机构是目前解决科技型中小企业增信手段缺乏的有效措施。有条件的地区均将设立政策性融资担保机构作为解决科技型企业与中小企业融资难、融资贵问题的主要手段之一。深圳市为解决中小企业融资难题，不仅设立了中小企业信用融资担保集团、深圳高新投集团等企业融资担保机构，还设立了由财政出资组建的中小企业信用再担保中心，对融资担保机构承担的担保融资提供再担保，共同分担中小企业信用融资风险。为弥补市场融资担保机构的不足，2015 年 8 月东莞市东实融资担保公司成立，注册资本金达 3 亿元，是全市第一家由国有资本出资组建的融资担保机构，弥补了政策性融资担保机构的空白。2018 年东莞市科创金融集团成立，东实融资担保变更为东莞科创融资担保，更加聚焦于解决科技型中小企业的投融资问题。

2017 年 9 月，东莞市发布了《促进融资担保和小额贷款行业发展实施办法》，对新成立或由外省市新迁入且注册资本在 1 亿元以上的融资担保机构给予最高 100 万元的奖励；同时，设立融资担保机构风险补偿机制，对担保公司经营融资担保业务发生代偿损失的，可按实际损失的 10% 给予风险补偿，最高补偿金额可达 50 万元。有条件的镇街（园区）也尝试成立融资担保机构推动面向科技型中小企业的信用贷款业务。目前，已有松山湖高新区成立了松山湖高新投融资担保有限公司，注册资本达 1 亿元，成为各镇街（园区）中首家成立政策性融资担保机构的园区。

四 科技金融发展展望

（一）探索发展专业科技金融经营机构

科技型企业"高风险、轻资产"的特征与传统商业银行的信贷投放模式存在很大的差异，银行传统的金融产品、风险判别与风险控制手段不能直接应用于科技型中小企业，且银行内部管理与激励机制也不利于发展对科技型企业的信贷支持。培育与发展专门的科技金融实体机构是探索、创新、应用新型风险判别与控制手段的重要保障，也是有效的科技金融风险隔离手段。近年来，国内不少地区均试点开展科技金融专营机构，推动科技金融活动的开展。如将专营机构从传统银行体系的管理架构中分离，专门进行科技金融服务的创新和探索，有望弥补现有商业银行信贷体系的缺陷，找到一条全新的发展道路。2009 年成都市、杭州市等城市率先成立了科技支行，探索科技金融发展的新道路。2013 年东莞银行在松山湖高新区成立了科技支行，探索发展适应东莞企业群体特征的科技金融创新产品与风险控制方式。目前东莞已建立的科技支行共有 3 家。成立专营机构仅是第一步，更重要的是要依托专营机构的管理优势与制度优势，积极开发符合科技型中小企业风险特征的风险识别、应对、管控技术模型，真正提升科技型中小企业的风险控制能力，针对性地开发符合科技型中小企业发展特点的科技金融产品体系，实现对科技型中小企业全生命周期的适用金融产品全覆盖。

（二）大力发展科技金融中介服务体系

活跃的中介服务体系是良好投融资环境的重要组成部分。中介服务机构为金融机构、企业等资金供需双方提供了融资担保、信息流通、资产评估、财务会计、法律事务等众多服务，是促进供需双方成功对接必不可少的中间组织。一个发达的投融资市场必然要求一个发达且活跃的中介服务体系。

（三）有序发展应用金融科技创新工具

近年来，随着数据挖掘、人工智能等信息技术的快速发展，金融科技的创新与发展速度越来越快，成为促进金融行业变革的重要力量。当前大数据、区块链、移动支付、智能投顾、人工智能等金融科技发展日新月异，随着移动互联网的深化发展，金融科技正深刻影响着人们的金融消费行为。可以预见，随着信息技术的快速发展，更新、更全面的金融科技创新与应用将无处不在，给生活带来便利的同时也衍生了一些社会问题。对于金融科技的创新与应用，政府部门与金融机构在持有积极态度的同时，也需要对科技对金融行为的影响展开深入研究，把握金融科技创新的正确方向，让金融科技更好地服务于企业与金融机构的投融资活动。

参考文献

《东莞统计年鉴》（2012~2017），中国统计出版社，2013~2018。

房汉廷：《关于科技金融理论、实践与政策的思考》，《中国科技论坛》2010年第11期。

洪银兴：《科技金融及其培育》，《经济学家》2011年第6期。

林伟光：《我国科技金融发展研究——理论基点及体系构建》，暨南大学博士学位论文，2014。

杨刚：《科技与金融相结合的机制与对策研究》，吉林大学博士学位论文，2006。

　　杨琳：《科技金融发展的理论与实践》，社会科学文献出版社，2016。

　　杨勇：《广东科技金融发展模式初探》，《科技管理研究》2011 年第10 期。

　　约瑟夫·熊彼特：《经济发展理论》，王永胜译，立信会计出版社，2017。

　　赵昌文、陈春发、唐英凯：《科技金融》，科学出版社，2009。

政 策 篇

Policy Article

B.2
多层次科技金融政策体系的
构建与完善

肖铮勇　邹润榕*

摘　要： 本报告以2000年以来东莞市出台与实施的一系列科
技金融政策为依据，结合东莞市科技金融政策出台
与实施的背景，利用归纳法和演绎法对所收集的科
技金融政策资料进行分析，阐述科技金融政策体系
的演变和科技金融发展变化。研究发现科技金融从
2000年以来经历了初具雏形、扩大发展、重点发力、
量质齐升等四个阶段的演化，产生了由重点扶持向

---

* 肖铮勇，硕士研究生，东莞市科学技术局副局长，研究方向为科技金融；邹润榕，硕士
研究生，高级经济师，东莞市电子计算中心副主任，研究方向为科技发展与科技政策。

全面普惠转变、由项目扶持向优化环境转变、由个
体资助向打造平台转变等三个方面的转变。

关键词： 科技金融　贷款贴息　风险补助　科技保险　专利保险

一　多层次科技金融政策体系的构建与完善

（一）政策出台与实施背景

科学技术是第一生产力，科技创新是推动创新型经济发展的
主要力量。然而科学技术要转化为现实生产力，需要一系列载体
和机制推动才能得以实现，其中，科技金融发挥着至关重要的作
用。在我国，"科技金融"一词的提出大概已有二十多年，科技
金融的工作目标在较低要求上，是为科技型企业提供所需的金融
服务、解决科技型企业融资难问题；在较高要求上，是借助金融
创新，运用市场化手段，带动各类生产要素向科技创新聚集，为
经济社会发展提供源源不断的内生动力。2010 年，科技部联合人
民银行、银监会、证监会、保监会制定了《关于印发促进科技和
金融结合试点实施方案的通知》，提出在科技金融资源密集的地
区开展促进科技和金融结合试点工作，东莞成为首批试点城市。
以国家首批促进科技与金融结合试点地区和广东省科技、金融产
业融合创新综合试验区为契机，东莞出台了一系列促进科技金融
结合的政策，政策力度大、覆盖面广、时效性强，体现了东莞作
为改革开放前沿阵地，在政策导向上的前瞻意识和政策实施上的

大刀阔斧，在推动转型升级、建设创新型城市进程的不同阶段起
到了良好的促进作用。

（二）最新政策扶持内容

本部分从科技金融扶持政策、资本市场资助政策、税收减免政
策、政策类引导基金政策等方面，对东莞市历年的科技金融相关政
策文件进行详细的梳理。

1. 科技金融扶持政策

2015 年，东莞市人民政府印发了《东莞市促进科技金融发展
实施办法》，明确了信贷风险补偿与奖励、贷款贴息补助、创业投
资风险补助、科技保险补贴、专利保险补贴、科技金融活动补贴等
政策内容和资助标准。

表 1　东莞市科技金融扶持政策主要内容

政策类型	政策主要内容	资助标准
信贷风险补偿与奖励	对相关银行发放的经政府有关业务部门立项或推荐的企业信用贷款，以及相关银行开展新型信贷业务所产生的风险损失进行补偿	获准银行开展符合要求的信贷业务发生风险损失时，可申请风险补偿。风险补偿以银行实际发放的信贷资金本金总额余额的 10% 为限
		当年没有发生不良贷款的，市财政在当年结余的风险补偿金中，按银行新增贷款发放量的 0.5% 给予业务奖励，每家银行每年最高 300 万元
		对金融机构为经政府认定科技企业孵化器内的在孵企业提供首贷出现的坏账项目，市财政信贷风险补偿资金按坏账项目贷款本金的 40% 分担损失，单个项目最高不超过 150 万元

续表

政策类型	政策主要内容	资助标准
贷款贴息补助	市财政对经业务主管部门立项或推荐的企业从获准银行获得信用贷款而支付的利息,以及企业从获准银行开展的新型信贷业务中获得融资而支付的利息进行补贴	对获得贷款的企业,按其贷款项目建设期内实际支付利息最高不超过70%的比例贴息,最长不超过2年,每家企业最高不超过100万元
创业投资风险补助	对在东莞注册并因投资于东莞市初创期科技型中小微企业而发生亏损的创业投资机构予以补助	单个创业投资项目风险补助的比例最高不超过项目实际投资额的10%,且最高不超过50万元。一年内对单个创业投资机构的风险补助金额最高不超过100万元
科技保险补贴	对经认定的在东莞市辖区内注册的投保科技保险的高新技术企业和科技型中小企业给予保费补贴支持	对重点引导类险种,首年按实际支出保费的60%给予补贴,之后年度按实际支出保费的30%给予补贴;对一般引导类险种,首年按实际支出保费的40%给予补贴,之后年度按实际支出保费的20%给予补贴。每年每家企业补贴总额度不超过20万元
专利保险补贴	对东莞市企业专利参保保费和参保专利托管机构给予补贴	按购买专利险种实际支出的保费,首年给予60%补贴,之后年度给予30%补贴。同一企业每年不超过1万元
		按托管机构实际托管服务的核心专利件数进行补贴,每件补贴1000元,同一年度同一机构补贴总额不超过10万元
科技金融活动补贴	对科技金融活动进行补贴,提升科技金融服务氛围	一般科技金融活动补贴活动费用支出的50%;重点科技金融活动补贴活动费用支出的60%

资料来源:项目组整理。

2. 资本市场资助政策

2017年9月，东莞市政府印发《东莞市鼓励企业利用资本市场扶持办法》，按照"培育一批、申报一批、上市一批、做强一批"的要求，滚动建立上市后备企业队伍，构建企业上市平台，加速打造产业、产品、品牌优势，提升行业地位，实现跨越式发展。《东莞市鼓励企业利用资本市场扶持办法》明确了企业申请上市后备企业认定应符合的条件，并按企业上市进程的不同阶段以及不同层次的资本市场给予事后奖励和贴息。

表2 东莞市鼓励企业利用资本市场扶持办法

鼓励企业利用资本市场扶持办法	上市前奖励	经市政府认定的上市后备企业，申请在境内外证券交易所首次公开发行股票上市，且申请资料经正式受理的，给予一次性200万元奖励
	上市后首发融资奖励	在境内外证券交易所成功上市，按首发募集资金额度给予0.5%的奖励，每家企业最高奖励500万元
	全国股转系统挂牌奖励	对成功挂牌全国股转系统的企业，给予一次性20万元奖励；对进入创新层的企业，再给予一次性30万元奖励
	全国股转系统融资奖励	对成功挂牌全国股转系统的企业，通过直接融资方式实现融资，按首次融资金额给予1%的奖励，每家企业最高奖励100万元
	发行直接债务融资工具贴息	对成功发行直接债务融资工具（企业债、公司债、资产证券化、短期融资券、中期票据）的非上市企业，按其直接债务融资额的2%给予贴息，每家企业累计最高贴息50万元

资料来源：项目组整理。

3. 税收减免政策

国家高新技术企业所得税优惠与企业研发税前加计扣除是国家规定的政策优惠，旨在鼓励企业加强技术研发，促进企业竞争力的提升。一直以来,东莞市非常重视企业优惠政策的落实,不断简化税收优惠政策办理程序,做到应免尽免。2017年,东莞市享受国家高新技术企业所得税优惠的企业达到1064家,减免所得税达到28.11亿元。全市享受研发加计扣除的企业达1245家,加计扣除金额达到76.71亿元,预计减免的税金可达19.18亿元。2011~2017年,东莞市企业研发费用加计扣除金额逐年提升,2017年加计扣除金额达2011年的10倍还多。国家高新技术企业所得税优惠与企业研发加计扣除政策的扎实落实,起到了给企业尤其高新技术企业直接减税的效果,有助于改善企业现金流,降低企业研发成本,引导企业加大对技术研发的积极性。

4. 政策类引导基金政策

为创新财政投入方式,建立健全财政资金激励撬动金融机构和社会资本支持企业科技创新和产业转型升级的机制。2015年6月,东莞市人民政府出台了《东莞市创新创业种子基金实施方案》,明确了基金的运作原则、基金管理机构、基金投资对象、投资方式、奖励方式等内容,通过种子基金的投入扶持,激发和引导社会、金融资本对种子期、初创期等创业早期科技型中小微企业或项目的进一步投资,加快培育一批战略性新兴产业、高技术产业的优质创新创业企业项目发展壮大。

(三)政策实施效果

东莞市出台的一系列力度大、覆盖面广、时效性强的科技金融政策,使东莞市科技金融机构数量明显增加,服务科技企业的能力明显增强,科技金融服务体系逐渐完善。具体体现在以下几个方面。

1. 参与科技金融合作金融机构显著增加

目前东莞市已组建了包括东莞银行科技支行、东莞农商银行科技支行等在内的 3 家科技金融专营机构。2017 年光大银行东莞分行与市财政局签约科技金融产业"三融合"合作协议,由此东莞全市签订"三融合"协议的银行已达到 19 家,基本覆盖市场中主要的银行金融机构,为引导合作银行加大对中小微企业的科技信贷支持力度奠定了坚实的基础。

2. 对科技型企业信贷支持力度显著增强

各金融机构不断创新科技金融信贷产品,在原有"科技信用贷""科创贷""机器换人融资贷"等新型信贷产品的基础上,创新推出"科技投贷联""科技投贷通""三板贷"等科技企业专属的投贷结合信贷品种。截至 2017 年底,"三融合"签约合作银行累计发放贷款 2573 笔共 111.37 亿元,惠及企业 1265 家,平均每家企业获得信用贷款约 880 万元;其中符合条件、纳入风险补偿覆盖范围的信用类贷款共 2415 笔累计 77.94 亿元,惠及企业 1245 家。

3. 科技金融普惠政策服务企业效果显著

东莞市科技局和中国建设银行东莞分行联合出台了《关于开展普惠性科技金融试点工作的实施方案》,设立了 2000 万元的普惠性科技金融信贷风险补偿资金池,基于《小微科技企业创新综合实力评分卡》,结合东莞科技企业创新大数据,建立了高效灵活、深入开放的企业创新信息共享机制,构建了小微企业贷款审批授权体系和专属评价体系,实现普惠性科技金融目标客户群的快速定位及服务深入,有效降低全市科技中小微企业的准入门槛,推动东莞建设银行普惠科技金融工作顺利开展,让科技金融切实惠及东莞科技企业。2017 年全市累计投放普惠性科技金融贷款 856 笔,支持企业 687 家，累计投放贷款金额 11.24 亿元。

4. 金融业态集聚区建设初见成效

东莞十分重视新兴金融业态发展环境的优化，目前已初步建成众创金融街、松山湖基金小镇、龙湾梧桐资本小镇等新兴金融集聚示范区，实现了新兴金融业态发展的良好开端。如东莞众创金融街入驻了东莞银行、前海股权交易中心、平安人寿、团贷网、众来达集团、至诚小额贷、互联网金融协会等各类知名金融机构，形成了金融机构与各类市场主体和谐共生的良好局面。据不完全统计，截至 2017 年底，众创金融街累计实现融资交易 37 万笔，累计融资额 1074 亿元，是东莞民间资本最活跃的地区之一，显现了良好的经济效益和社会效益。

5. 科技金融服务体系基本建立

东莞区域分散、企业集中，为实现科技金融服务的全域覆盖，建立了覆盖全市所有镇街（园区）以及重要企业孵化器、加速器等企业集聚区的科技金融工作站网络。以镇街（园区）基层科技部门、企业孵化器等为主体，以科技金融专员为业务骨干，将科技金融服务下沉至为企业提供服务的第一线，解决科技金融服务落地的"最后一公里"问题。

二　科技金融政策体系的演变

（一）第一阶段：初具雏形

"十五"期间（2000～2005 年）科技金融政策尚处于摸索阶段。这一时期，企业融资方式单一，银行产品是主要的融资方式，因此科技金融政策初步尝试运用贷款补贴的方式支持企业债权融资；上市企业数量不多，科技型企业上市难度大，科技金融政策主要围绕上市布局的推动作用进行初步研究；创业风险投资处在萌芽期，1999 年《关于建立风险投资机制的若干意见》中明确了发展创业风险投资的重要意义，并提出指导、规范我国创业风险投资发展的基本原则，2005 年《创业投资企业管理暂行办法》对创业风险投资企业实行备案管理，并规定其经营范围、投资行为等。这些政策都是关于基本管理及原则等，对于如何促进创业风险投资没有明确的指导意见。

东莞市在"十五"期间对科技金融市场的发展道路进行了初步探索。2004 年由市政府出资 3000 万元，联合民间资本 7000 万元成立市科技投资担保公司；建立了科技贷款贴息制度，使财政科技资金与银行科技贷款结合起来；对科技金融机构进行了部分界定，开展了机构的试运作。

（二）第二阶段：扩大发展

1. 国家层面

"十一五"期间（2006～2010 年），科技和金融合作的政策体系基本形成，我国科技金融工作迈上新台阶。2007 年，科技部与中国进出口银行签署《支持国家自主创新战略实施科技金融合作协议》，中国进出口银行向国家科技计划项目和重点科技工作提供政策性贷款和投资支持，将国家重大专项、国家科技计划项目、科技创业风险投资项目等作为未来重点合作领域，科技部发挥政策引导、组织协调职能以及项目、专家、信息等优势，结合中国进出口银行政策性信贷和特别融资账户业务等金融优势，共同促进我国高新技术产业又好又快发展。2007 年科技部、保监会联合下发了《关于开展科技保险创新试点工作的通知》。2009 年，银监会、科技部联合下发了《关于进一步加大对科技型中小企业信贷支持的指导意见》。2010 年,科技部、人民银行、银监会、证监会、保监会联合下发了《促进科技和金融结合实施试点方案》,科技和各金融相关部门的合作全面启动。

2. 广东省层面

2007 年,为推动与国家开发银行广东省分行的深入合作,广东省财政安排 1 亿元设立广东省科技型中小企业融资担保风险准备金,出台《广东省科技型中小企业融资担保风险准备金管理暂行办法》,设立风险池专项资金,对放款银行或担保机构为科技型中小企业贷款的损失进行补偿。

3. 东莞市层面

东莞市在"十一五"期间科技与金融结合实现有效突破。与国家开发银行共同组建 50 亿元融资贷款授信额度的科技型中小企业融资平台。组建了首家风险投资机构——东莞市科技创业投资合伙企业(有限公司),开展上市预辅导,推动科技型企业尽快走向资本市场。出台了《东莞市鼓励企业上市办法》,对于完成股改的科技型企业,市财政给予 200 万元奖励,对于在东莞市注册并在境内外上市的科技型企业给予不高于 2000 万元的补贴。2010 年出台了《东莞市重点科技贷款风险准备金》、专利权质押融资等相关政策,至此,东莞市科技金融政策措施不断创新,科技金融产品和科技金融服务形式不断增加。

(三)第三阶段:重点发力

1. 国家层面

"十二五"期间(2011 ~ 2015 年)是"经济转型、调结构"的重要时期,科技金融工作发挥了更大的作用,科技和金融进一步深度融合。从中央到地方，系列科技政策密集出台。在战略部署上，明确了科技金融顶层设计工作机制。在资本市场促进方面，随着"新三板"和区域股权交易中心的兴起，以上市为主的融资渠道逐渐发展成为多层次资本市场的重要渠道；加强试点及扩大范围，扩大非上市股份公司代办股份转让系统试点，体现了循序渐进、分步实施的特点。在金融支持经济结构调整和转型升级方面，政策引导突出了对小微企业、科研机构成果转化等。

明确顶层设计机制。2012 年 7 月全国科技创新大会上，国家明确科技和金融结合试点方案，形成国家科技金融战略的整体框架，建立"一个部委联席机制，构建一个政策支持体系，实施一批试点"，构建了新的顶层设计工作机制；9 月，《中共中央 国务院关于深化科技体制改革加快国家创新体系建设的意见》指出：促进科技金融结合，创新金融服务科技的方式和途径，综合运用买方信贷、卖方信贷、融资租赁等金融工具，引导银行等金融机构加大对科技型中小企业的信贷支持。推广知识产权和股权质押贷款。加大多层次资本市场对科技型企业的支持力度，扩大非上市股份公司代办股份转让系统试点。培育和发展创业投资，完善创业投资退出渠道，支持地方规范设立创业投资引导基金，引导民间资本参与自主创新。积极开发适合科技创新的保险产品，加快培育和完善科技保险市场。

扩大试点范围。2012 年非上市股份公司股份转让即新三板扩大试点，首批试点除中关村科技园区外，新增上海张江高新产业开发区、东湖新技术产业开发区和天津滨海高新区。2013 年《关于全国中小企业股份转让系统有关问题的决定》出台，充分发挥全国股份转让系统的功能以缓解中小微企业融资难的问题，标志着多层次资本市场建设取得实质性进展。2014 年激励企业创新的普惠性政策深入落实，为进一步扩大中关村试点政策效果，国务院决定将股权和分红激励等6项试点政策推广至全国，引导银行业金融机构加大对小微企业科技创新的支持。

政策引导突出成果转化。2011年7月《国家科技成果转化引导基金管理暂行办法》出台，指出要加速推动科技成果转化与应用，引导社会力量和地方政府加大科技成果转化投入。2014年9月科技成果转化引导基金正式设立，转化基金分为创业投资子基金、贷款风险补偿和绩效奖励三种支持方式。2015年国家新兴产业创业引导基金成立，聚焦于成果转化和战略性新兴产业培育，以提升新兴产业整体发展水平和核心竞争力。国家中小企业发展基金重点支持种子期的中小企业。

政策引导金融机构加大对小微企业科技创新的支持。《国务院办公厅关于金融支持小微企业发展的实施意见》确保实现小微企业贷款增速和增量"两个不低于"的目标，加快丰富和创新小微企业金融服务方式，着力强化对小微企业的增信服务和信息服务，积极发展小型金融机构，大力拓展小微企业直接融资渠道，切实降低小微企业融资成本，加大对小微企业金融服务的政策支持力度，全面营造良好的小微金融发展环境。银监会印发了《关于2014年小微企业金融服务工作的指导意见》在监管指标、贷款模式、担保增信等方面加大对科技型小微企业支持力度。

为促进科技和金融进一步深度融合，《中国人民银行　科技部　银监会　保监会　知识产权局　关于大力推进体制机制创新扎实做好科技金融服务的意见》出台，大力培育和发展服务科技创新的金融组织体系，加快推进科技信贷产品和服务模式创新，拓宽适合科技创新发展规律的多元化融资渠道，探索构建符合科技创新特点的保险产品和服务，加快建立健全促进科技创新的信用增进机制，进一步深化科技和金融结合，创新政策协调和组织实施机制。要求建立科技金融工作的部门间联动协作机制，各地科技、人民银行、银监、知识产权等部门结合实际探索建立跨部门、跨层级的协调联动和分工负责机制，实现产业政策、财政税收政策与金融政策的有效结合。

2. 广东省层面

2012年，广东省建设珠三角改革创新综合试验区获国务院批准，深化粤港澳合作，重点建设多层次资本市场体系和现代金融服务体系，有效拓宽企业直接融资渠道。

2013年4月，《实施〈珠江三角洲地区改革发展规划纲要〉实现"九年大跨越"工作方案》出台，要求全面推进金融改革创新综合试验区建设，包括加快建设现代金融市场体系、丰富完善金融组织体系、全面推动金融创新、建设金融产业发展重要平台；在中山和东莞开展金融支持专业镇转型升级试验，在佛山和东莞建设股权投资企业聚集区，在东莞开展粤台金融合作试验等。

2013年8月出台的《关于促进科技和金融结合的实施意见》分别在创业投资、科技信贷、资本市场、科技金融服务体系和体制机制等方面明确了具体要求，并强调加强种子基金、孵化基金、创投基金和各类创业投资机构对种子期、初创期企业的支持。

2014年2月，全省科技金融工作会议召开，出台了《全省科技·金融·产业融合创新发展重要行动》，提出全省科技、金融、产业融合创新发展的20项重点行动并细化主要工作；出台《广东省科技金融支持科技型中小微企业专项行动计划》，提出科技金融支持科技型中小微企业专项行动的孵化行动、育苗行动、造林行动计划。省科技厅还设立了产业技术创新与科技金融结合专项资金，包括科技信贷专营机构补贴与补偿、科技金融创投联动与补偿、科技金融服务体系建设、科技再担保基金等四个科技投融专题。

2013～2015年，广东省科技金融政策着重体现在以下几个方面。在创业投资方面，重点培育和发展创业投资，包括加快设立发展种子基金和科技孵化基金，充分发挥省战略性新兴产业创业投资引导基金带动作用，引导创业投资机构投资科技型企业，探索开展科技产品金融化试点。在引导发展科技信贷方面，鼓励金融机构创新科技型企业贷款模式、产品和服务，促进新型科技金融机构发展，推动科技保险创新和科技担保业发展、积极开展知识产权投融资服务。在大力发展多层次资本市场方面，积极推动科技型企业上市，加快场外交易市场发展，鼓励科技型企业发行区域集优融资模式下的中小企业集合票据。在完善科技金融服务和机制体制方面，做大做强省粤科金融集团，积极推广"三资融合"模式，深入开展科技金融试点示范工作，加强科技金融信用体系建设，建立和完善科技金融服务平台，加强农业等领域科技和金融的结合。

3. 东莞市层面

2012年是东莞市科技金融发展非常重要的一年，东莞成为国家科技和金融结合首批试点城市。2012年，东莞市研究制订了《东莞市促进科技和金融结合试点方案》，提出加快建设全省科技、产业、金融的"三融合"示范区；随后，7月出台了《东莞市促进科技、金融与产业融合"1+4"》系列政策文件，其中《中共东莞市委 东莞市人民政府关于促进科技、金融与产业融合的意见》是统领全市科技、金融与产业融合工作的纲领性文件。同时出台了《东莞市产业升级转型及创业投资引导基金暂行管理办法》《东莞市促进股权投资基金业发展的若干意见》《东莞市金融创新奖评选暂行办法》《东莞市金融招商奖励办法》等四个配套性文件。

2014年是全面深化改革的开局之年。在《东莞市2014年改革行动计划任务分解表》中，全面深化改革领导小组办公室在促进地方金融创新发展方面对牵头单位市金融局、市科技局的改革要求是：推进金融产业融合创新综合试验区建设和建立完善科技小微企业融资风险分担机制，探索建立中小企业"一站式"融资服务模式。2014年3月，完成了《东莞市建设珠三角科技金融产业融合创新综合试验区实施方案》，参照佛山南海区的做法，申请在东莞建设珠三角科技金融产业融合创新综合试验区。5月，《东莞市创新财政投入方式促进科技金融产业融合工作方案》发布，提出在"科技东莞"工程专项资金和东莞市产业升级转型及创业投资引导基金总体框架下，通过财政设立首期5000万元的种子基金、2亿元的信贷风险补偿专项资金、每年6000万元的贷款贴息专项资金、每年2000万的创业投资机构风险补助资金的方式，依托相关金融组织机构，在东莞全市开展"拨投联动、拨贷联动、投补联动、贷贴联动、贷奖联动"等科技金融产业融合试点工作，建立健全多元化、多层次的科技投融资体系。并建立议事协调机制，明确了科技、经信、发改、财政、人行、银监、试点银行等各部门的职责分工。

2015年是东莞科技金融政策体系层次进一步提升的一年。《中共东莞市委、东莞市人民政府关于实施创新驱动发展战略走在前列的意见》提出明确实施"科技金融结合"工程，包括大力培育和发展创业投资、扩大信贷规模、鼓励面向科技企业的金融创新、推动科技保险发展、健全科技金融服务体系等内容，在创新驱动发展战略走在前列的总体部署下突出科技金融对科技创新的支撑作用，使科技金融结合上升到更高层次。同时首次提出探索建立创业投资机构集聚区，使境内外投资机构进入东莞的渠道更畅通。《东莞市促进科技金融发展实施办法》明确了信贷风险补偿与奖励、贷款贴息补助、创业投资风险补助、科技保险补贴、专利保险补贴、科技金融人才培养资助等政策内容。《东莞市创新创业种子基金实施方案》进一步明确种子基金宗旨、主要任务目标、基金投资对象、基金监管、绩效管理等，提高了基金运作效率和效益。《东莞市科学技术局实施拨贷联动支持计划和重点企业信贷支持计划操作规程》细化了支持对象和方式要求，明确了推荐与备案流程及项目管理与资助方式。《关于鼓励企业利用资本市场的若干意见》《东莞市鼓励企业利用资本市场实施细则》《东莞市上市后备企业评审操作流程》等文件对鼓励企业利用资本市场相关政策进行了修订，并对上市后备企业评审制度进行了调整。

（四）第四阶段：量质齐升

1. 国家层面

"十三五"期间（2016～2020年）国家顶层设计变革完善，政策实效性更强，上下联动，国家税收政策、省财政政策与科技扶持政策相得益彰，相互融合，探索新动能。

"十三五"开局之年，在国家供给侧改革的重点部署下，政府引导基金呈现爆发式增长。通过发展政府引导基金，支持一大批创业风险投资机构及创新创业优质项目，能够更好地优化资金配置方式。2016年9月国务院印发《关于促进创业投资持续健康发展的若干意见》，从投资主体、资金来源、政策扶持、法律法规、退出机制、市场环境、双向开放、行业自律与服务等八个方面提出了促进创业投资健康发展的指导性意见。

2016年科技部联合人民银行、银监会等部门扩大科技与金融结合试点城市，认定了全国第二批9个城市为科技与金融结合试点地区。

加大普惠性财税政策实施力度。2018年《关于完善股权激励和技术入股有关所得税政策的通知》降低了股权激励的税负，《财政部　税务总局关于创业投资企业和天使投资个人有关税收政策的通知》（财税 2018 年 55 号文）通过对创业投资企业和天使投资个人税收优惠政策推动创业投资的发展。

2. 广东省层面

广东省先后实行省市联动的"切块""下沉"政策，包括新的贷款贴息政策、新的促进区域性股权交易市场挂牌融资方式的补充等，通过建立健全以市场为导向、以产业为支撑、政产学研金紧密合作的科技金融服务体系，逐渐走出了一条有广东特色科技和金融相结合的道路。

3. 东莞市层面

在东莞市层面，东莞市人民政府的《关于加快培育发展新兴金融业态推动实体经济发展的实施意见》《东莞市促进股权投资基金业发展实施暂行办法》等政策，紧密围绕服务实体经济，政策体系更加完善，聚焦金融对实体经济的支撑和引领作用，金融产业链的拓展落脚点是为实体经济服务，至此政策体系全面落地。制度建设也注重引进与培育并重，为此东莞本土风险投资机构及外地进驻东莞的风险投资机构迅速崛起，投资智能制造、生物医药等实体经济趋势明显。这一时期，东莞市政策体系体现了以下几个特点。

政策制定充分重视质量监督，对以往制定的政策进行校验和修正。《东莞市创新创业种子基金绩效评价管理暂行办法》对种子基金受托管理机构进行绩效评价，以保证在一定期限内达到产出和效果，在投资期内重点关注实际投资进度指标，在回收期重点关注资产保值增值率指标及产业带动效应。对项目进行了全方位、全流程的年度定期评价，提高种子基金的经济性、效率和效益性，完善了投资决策、考核评价、转让评价、转让退出和激励约束机制。《关于进一步做好科技、金融、产业三融合有关工作的补充通知》结合银行机构在实际操作过程中反映的问题，对纳入风险补偿范围的贷款类别明确专指信用类贷款，对风险补偿责任和核算进行了界定，对于信贷支持计划分类支持，确定拨贷联动支持计划只有东莞银行松山湖科技支行和浦发银行东莞松山湖支行开展试点，重点企业信贷支持计划和银行创新信贷支持计划下的贷款，只要是与市财政局签订了合作协议的银行均可开展。

政府引导基金成为主战场，是政府产业扶持政策的重要转变。财政资金以杠杆放大的作用吸引社会资本，通过专业的基金管理机构，用股权投资方式选定优质项目和优质企业，既不过分强调政府出资的风险控制和保值增值，又能够较大程度激发社会资本的活力和参与的决心，对提高财政资金使用绩效有较大作用。体现了以市场为先导的政府决策机制，提高了政府决策的科学性和公平性。伴随着科技体制机制的改革，东莞积极鼓励设立科技成果转化引导基金，与国家科技体制改革方向相适应，鼓励股权投资机构或投资管理机构向国家、省有关部门申请设立科技成果转化引导基金、创业投资引导基金等子基金，与上级部门政策对接。

财政扶持方式不断优化，在财政资金激励金融机构和社会资本支持企业科技创新，服务东莞优势产业、重点新兴产业方面体现越来越明显，形成了财政资金和金融、社会资本联合支持科技创新的投入模式。贷款贴息等政策通过银行审核、管理部门审核的多级模式，进一步健全市财政资金监管机制，强化财政绩效目标管理体制，体现了政府引导和推动作用及市场机制的双重作用。无论是传统的金融机构还是新兴金融组织，参与政策体系的积极性更高，如科技保险专营机构。普惠金融的提出推动了银行、证券、担保等各类机构关注中小企业的融资难、融资贵、融资慢问题，金融产品设计和金融资源配置更加全面、关注面更广，金融服务实体的工具越来越多，手段越来越丰富，各类金融机构和经济组织都积极成为科技金融政策体系的重要组成部分。政策推动科技金融服务体系层次更丰富、功能更完备。组建东莞市科技金融创新集团，成为东莞市创新创业和科技发展领域的产业基金运作平台、国有资本投资平台。组建东莞市科技金融服务中心成为东莞市重要的科技金融综合服务平台，搭建市、镇（街道）、园区联动的科技金融公共服务体系。

三　科技金融政策的发展变化

（一）由重点扶持向全面普惠转变

早期科技创新资助政策与科技金融政策以重点扶持为主，对政府相关部门立项的项目或企业给予贷款贴息、财政资助、奖励等重点扶持，随着制度的逐步完善和企业管理水平的提升，科技创新政策与科技金融政策正逐步由重点扶持向全面普惠转变。科技创新政策方向，国家级高新技术企业所得税优惠税率、企业研发经费加计扣除等普惠性政策落实力度逐年加大，企业只需按相关指引提供完整的材料即可享受相应的税收优惠或财政资助，有力引导了企业强化技术创新。在科技金融政策方面，由投贷联动、奖贷联动等向提供风险补偿、鼓励金融机构创新金融产品等方面转变，激发金融机构加强向科技型中小企业贷款的积极性。

（二）由扶持项目向优化环境转变

目前我国科技管理仍以项目制管理为核心，科技金融政策体制也不例外，在落实具体的扶持措施时仍需以项目的形式组织开展。随着企业群体规模的扩大，项目制对企业的个别扶持对整体发展的引领作用越来越弱化，而整体创新环境与金融环境的优化对企业群体的发展影响越来越凸显。近年来，科技金融政策正逐步由对个别企业的项目制扶持向优化整体创新环境、融资环境转变。2017 年广东省科技发展专项资金（产业技术创新与科技金融结合方向）对新型科技金融服务进行了重点扶持，其主要内容包括创新服务机构建设、"互联网＋"科技人才培训服务基地及云平台建设、基于网络的新型科技信贷服务、科技金融示范中心建设、高端对话对接活动等方面。这些资助都是针对企业投融资整体环境的优化措施。可以预见，随着科技型企业群体规模的扩大以及投融资需求的多样化，如何优化整体投融资环境将是科技金融政策重点解决的问题。

（三）由资助个体向打造平台转变

在庞大的企业存量面前，对个别企业的资助并不足以形成良好的整体氛围，因此打造系列平台，以平台汇聚各方资源、实现投融资供需双方的广泛对接就成为科技金融政策重要的发展方向。目前广东省以及东莞市大力建设科技金融综合服务中心，希望充分发挥综合服务中心汇聚企业、风险投资机构、其他金融机构等各方资源的优势，打造具有较大影响力的区域性企业投融资对接平台，优化投融资环境。同时，大力支持创新创业大赛等赛事活动，将创新创业大赛打造成为企业对接投融资机构的公开平台，促进优秀企业脱颖而出，营造全社会的风险投资氛围。

参考文献

广东省科技厅：《普惠性科技金融政策解读》，《科技与金融》2017年第1期。

饶彩霞、唐五湘、周飞跃：《我国科技金融政策的分析与体系构建》，《科技管理研究》2013年第20期。

张宏彦：《科技创新导向的金融支持政策研究》，《科技进步与对策》2012年第14期。

周昌发：《科技金融发展的保障机制》，《中国软科学》2011年第3期。

资 本 篇

Capital Articles

B.3
多层次科技金融信贷体系的
形成与发展

赵 明 张江清*

摘 要: 伴随东莞市产业转型升级,高新技术产业规模扩大,
金融行业也加速与科技融合发展,产生了许多针对
科技发展和科技型企业的金融产品和服务。本报告
基于 2008~2018 年东莞市金融机构和政府的相关资
料,研究东莞市科技金融信贷体系、风险投资直接
融资体系、政府创业投资引导基金直接融资体系、
多层次资本市场体系等四个科技金融体系,阐述了

---

* 赵明,东莞市电子计算中心副主任、助理工程师,研究方向为科技发展与科技政策;张
江清,项目管理师,东莞市电子计算中心部长,研究方向为科技发展与科技政策。

东莞市科技与金融相融合的历程和现状，总结了东莞市科技金融的发展模式及典型案例。

关键词： 科技信贷　科技支行　知识产权质押　风险投资　引导基金

银行业是我国金融机构的主体，资本最多、规模最大，也是科技型企业获得外部融资的最主要来源。构建多层次科技金融信贷体系，充分激发银行类金融机构发展科技信贷业务的积极性，对于科技型企业的发展具有非常重要意义。

一　多层次科技金融信贷体系的形成

（一）多层次科技金融信贷平台逐步建立

东莞市商业银行逐步加强与科技型中小企业之间的合作，出现了针对科技创新企业业务的经营机构，多层次科技金融信贷平台逐步建立起来。在各银行中出现了两种科技金融信贷平台。

一是在总行、分行设立内设机构，对包括科技型中小企业在内的中小企业进行专业化集中管理。例如东莞工商银行在分行本部设立了小企业金融业务中心，并在辖属 34 个支行设立了小企业金融分中心，建立起一支覆盖广、资质优、能力强的专业队伍。东莞邮政储蓄银行则挂牌成立了广东省政府颁发的首批"中小微企业小额票据贴现中心"，仅通过票据贴现的形式，就累计向中小企业投放资金超过 100 亿元。东莞建设银行通过提升网点小企业信贷业务能力，培养了200余人的客户经理专业队伍，实现"一体化"的小微企业融资范围模式。

二是由各分行设立科技创业专业分支行。目前东莞共有三家科技支行，分别为东莞银行松山湖科技支行、东莞农商银行松山湖科技支行和浦发银行松山湖科技支行。2012年东莞银行率先搭建科技金融专业服务团队，成立东莞银行松山湖科技支行，成为全省首家"科技支行"，并以其为试点开展科技金融创新业务，开通绿色通道服务科技型企业。2013年继东莞银行松山湖科技支行挂牌成立后，浦发银行在松山湖成立全市第二家科技支行，定位为"东莞市科技金融服务中心"，将解决科技型中小企业因为无抵押物而难以从银行获得贷款的难题，为其提供"一站式"综合服务。2015年松山湖再添科技支行，东莞农商银行在松山湖设置科技支行，配套设置独立单独业务审批条线、单列信贷额度和投放计划，以更专业的综合金融服务满足科技型、小微型企业的融资需求。

（二）多层次科技金融信贷渠道日渐通畅

科技型中小企业难以获得银行信贷支持的主要原因在于信息不对称，银行很难明确科技型中小企业的技术风险和市场风险。为此，东莞市银行机构通过与地方政府、行业协会、研究院所等机构合作，共享信息资源，打通对科技型中小企业的融资渠道。

一是政银合作。东莞市政府不断深化政银合作，拓宽银行参与东莞市科技事业发展的渠道，先后与建设银行东莞分行、东莞银行等多家银行机构建立合作关系。东莞建行与东莞市科技局、评估机构展开合作，创新推出"科技转型基金""普惠性科技金融试点工作协议"等方案，并与政府、评估机构签署科技转型基金战略合作协议，拓宽科技型小微企业银行融资渠道，满足科技型小微企业客户融资需求。东莞银行充分利用政府对科技企业的各项优惠政策，开展支持科技企业的相关业务，有效解决了银企之间信息不对称问题，降低了科技企业的融资成本，2016 年该行科技企业授信客户仅通过"促进科技金融结合专项资金"就获得贴息 2669.84 万元。

二是引入专业评估机构。自 2009 年东莞市获得由国家知识产权局颁发的"国家知识产权质押融资试点单位"起，东莞开始积极探索知识产权质押融资，并迅速成立了东莞知识产权评估机构，开展知识产权价值评估。东莞银行和建设银行东莞分行引入连城资产评估公司等国内权威知识产权评估机构，为其提供评估、质押登记、贷后监管及风险处置等一条龙服务，为其专利质押贷款提供专业的管理与服务。

三是投贷联动。自国家颁布《关于支持银行业金融机构加大创新力度 开展科创企业投贷联动试点的指导意见》后，东莞各银行积极探索"投贷联动"模式。东莞银行针对松散型投贷联动模式推出"投贷联动"模式，按创投公司已投资金的一定比例，给予科技型中小企业授信额度；针对紧密型投贷联动模式，已和赛富基金、清大创投基金等达成协议，以双方发起成立的产业基金，投向属于国家高新技术行业的科技型中小企业。东莞中小企业局、中国银行东莞分行联合中银国际证券、东莞证券、东莞信托等投行和其他金融机构，为 40 家纳入东莞市政府"倍增计划"的企业提供"银行信贷 + 股权融资 + 资本市场"一站式、一对多现场对接服务。

（三）多层次科技金融信贷产品基本完善

根据企业生命周期理论，科技创新企业的成长轨迹可以划分为种子期、初创期、成长期、扩张期、成熟期和衰退期六个阶段。其中初创期和成长期是科技型企业资金需求最为迫切的阶段，但企业在这两个阶段的风险较大,资金获得困难,是科技金融工作重点关注和解决的问题。

一是间接支持种子期的科技企业发展。由于处于种子期的科技企业大多数没有销售收入,创业失败率高,风险承受能力较弱,资金以自筹为主,很难从商业银行获得直接信贷支持。一般商业银行只能通过向小贷公司、创投公司融资的方式,间接支持种子期的科技型企业发展。例如华夏银行、建设银行东莞分行、东莞银行等8家银行合作,获得授信总额28亿元。建行东莞市分行在"Fit 粤"科技金融计划的基础上,进一步推出"Fit 粤"2.0科技金融综合服务方案,联合政府机构、金融机构和创投机构,为创业链前端的种子期和初创期企业服务。

二是以创新产品支持初创期和科技企业。初创期企业需要购租土地、厂房、机器设备、原材料来进行产品生产,扩宽产品销售渠道,因此需要投入大笔资金,对资金的需求量相比种子期显著增加。但是在该阶段产品种类较为单一,组织结构相对简单,产品市场占有率较低,企业仍然处于亏损阶段。不过,该阶段企业技术风险逐步化解,商业银行可以通过抵质押知识产权、股权等无形资产的形式给予科技企业一定的贷款额度。东莞政府非常重视知识产权抵质押融资,从2009年起就启动知识产权质押融资试点,颁布实施了《东莞市专利权质押贷款操作指引(暂行)》。至今已有招商银行、东莞农商银行、建设银行、东莞银行、广东发展银行等多家银行开展专利质押融资业务。仅2016年东莞专利质押融资额就达到12.6亿元,占全省该项融资总额的1/4。

三是多种信贷产品支持成长期企业发展。进入成长期的科技型企业已经基本具备一定的实力,现金流已基本能够满足日常经营需要,但是随着生产经营规模的进一步扩大,市场的进一步拓展,企业需要投入大量的资金。成长期的科技企业可选择的信贷产品较多，一方面可以采用科技贷款，另一方面可以采用抵押和担保贷款。2017 年东莞出台"倍增计划"后，东莞多家银行推出了针对倍增企业的融资计划。招商银行东莞分行打造"共赢致远"信用"倍增计划"，统筹整合离在岸、投融资等联动平台的服务资源，配套提供打包服务方案，选出优质客户，优先主动增信。建行东莞分行制订了《东莞建行倍增计划企业综合金融服务方案》，全面满足倍增企业日常经营周转、固定资产购置建设、产业整合并购、高新技术研发等融资需求。东莞工行也分阶段积极推进"倍增"试点企业上门服务工作，根据企业实际需求，提供主动授信。

二 多层次科技金融信贷业务模式

针对科技型中小企业贷款数额小、笔数多、风险高的业务特征，东莞市大多数商业银行都设计了较为合理的营销、审批、风控和贷后管理流程，从而有效降低信贷风险，提高贷款效率。

（一）相对独立的科技支行管理模式

科技支行相比普通支行在运营模式上具有独特的优势。一方面科技支行背靠总行，融资供给能力能够得到保障，风险承受能力较强；另一方面对科技支行一般单独考核，具有一定的独立性，对总行而言能够有效降低科技信贷所带来的非预期损失的负面影响。如东莞银行建立差异化激励约束机制推动科技支行发挥专营机构功能，在资源配置、成本利润考核、不良容忍度、尽职免责机制等方面建立了一套独立、专营模式，实行"四个单独"机制。一是单独的考核机制，对科技支行实行单独的人力、财务资源配置，科技支行的考核指标体系有别于其他传统分支行。二是单独的风险容忍政策，将科技支行的科技金融业务不良容忍度提升至5%，较其他传统业务不良容忍度有较大提高。三是单独的责任追究政策，建立了经营主责任人和审批人尽职免责制度。四是单独的战略推动机制，由总行提供单独的财务资源，将科技金融纳入战略业务专项推动，并在全行建立协同机制，对所有分支推荐、参与的科技金融业务给予重点奖励。

（二）充分做好贷前客户评估管理

商业银行一方面利用自身优势，借助企业资金账户和征信系统，密切关注和把握企业信用状况；另一方面借助政府机构和评估机构了解企业风险承担能力。2016年东莞市工商行政管理局颁布实施《东莞市企业信息公示和信用约束管理暂行办法》，统筹全市信用体系建设，并依此办法对企业信息实行清单式管理，每年适时更新并向社会公布，为东莞银行业把握企业信用提供重要参考和依据。同时，东莞各银行机构还积极加强与政府机构合作，引入权威评估机构，控制违约风险。建设银行东莞分行与市科技局、金融局开展全市科技园区（孵化器）投融资需求调查，独家批量获取科技企业信息与需求情况。

（三）转移和分担贷中信贷风险

当前银行充分利用担保公司、保险公司等机构，进行风险转移和信贷风险分散，帮助企业拓宽融资渠道、提高信用额度。东莞银行、东莞农商银行、建设银行等13家银行与东莞市科创融资担保有限公司合作，为中小微企业提供融资担保服务，截至2018年9月已获得银行意向授信总额高达60亿元，开展融资担保业务高达

21 亿元。2017 年东莞银行针对国家高新技术企业和经东莞市科技局审核认定的科技型中小企业率先推出"科技保险贷款",以企业自身缴纳的履约保证金、东莞市政府的风险补偿金、东莞市科技局确定公布的保险公司承保的保证保险作为主要风险缓释措施,向企业进行贷款。

(四)加强贷后风险管理

政府设立风险补偿资金能够有效弥补银行金融机构在发生不良贷款时的损失,降低违约损失。东莞市政府 2015 年出台了《东莞市促进科技金融发展实施办法》和《东莞市信贷风险补偿资金和财政贴息资金管理试行办法》,由市财政设立专项资金,用于对经政府有关业务主管部门立项或推荐的企业信用贷款以及相关银行开展新型信贷业务所产生的风险损失进行补偿,对企业支付的利息进行补贴。至 2017 年,该政策合作银行从 2 家增至 18 家,向 900 多家企业累计发放信用贷款 78.55 亿元。此后,东莞市又继续加大对企业的扶持力度,把每年贴息预算总额由 6000 万元提高到 9000 万元,有效降低了银行金融机构的违约损失。

三 多层次科技金融信贷体系发展现状

(一)"三融合"信贷规模快速增长

为加速推进科技、产业、金融"三融合",2014 年和 2015 年东莞市先后颁布实施《东莞市创新财政投入方式,促进科技金融产业融合发展工作方案》和《东莞市促进科技金融发展实施办法》,在"科技东莞"工程专项资金中统筹安排 2 亿元的信贷风险补偿资金池和每年 6000 万元的贷款贴息资金。到 2017 年末，经过三年的跨越式发展，东莞市"三融合"信贷工作取得显著成绩。

从签约银行看，2017 年东莞市签约科技信贷"三融合"服务的商业银行达到 19 家，比 2015 年增加了 12 家（见图 1）。东莞市一半以上的商业银行均与财政局签订了"三融合"合作协议，其中既有中国建设银行东莞市分行、中国银行东莞分行等大型国有银行，也有东莞银行、东莞农村商业银行等东莞本地商业银行。

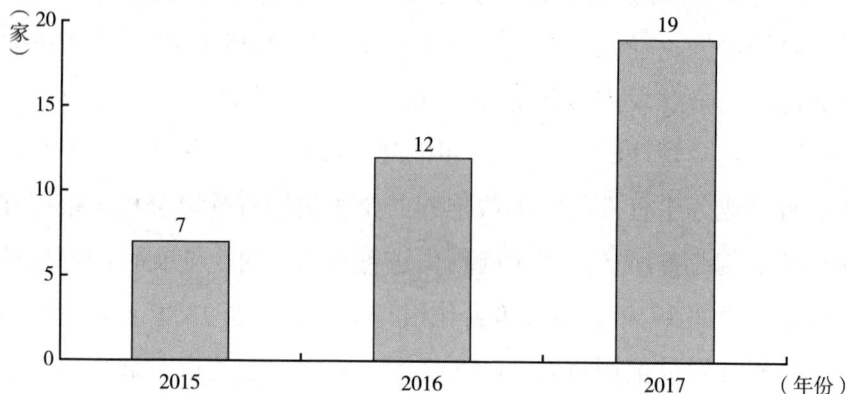

图 1　2015～2017 年东莞"三融合"签约商业银行数量

资料来源：项目组整理。

从贷款企业看，2017 年东莞市"三融合"贷款企业数量达到 1112 家，比 2015 年增加 842 家，增长了 3.1 倍（见图 2）。企业所属产业涵盖了《东莞市重点新兴产业发展规划（2018～2025 年）》中的新一代人工智能、新一代信息通信、工业机器人、高端智能制造装备、先进材料、新能源汽车、高性能电池、生物医药、高端医疗器械等东莞市未来发展的十大重点产业。

从贷款规模看，2017 年东莞市"三融合"贷款金额达到 95.69 亿元，比 2015 年增加 80.69 亿元，增长了 5.4 倍（见图

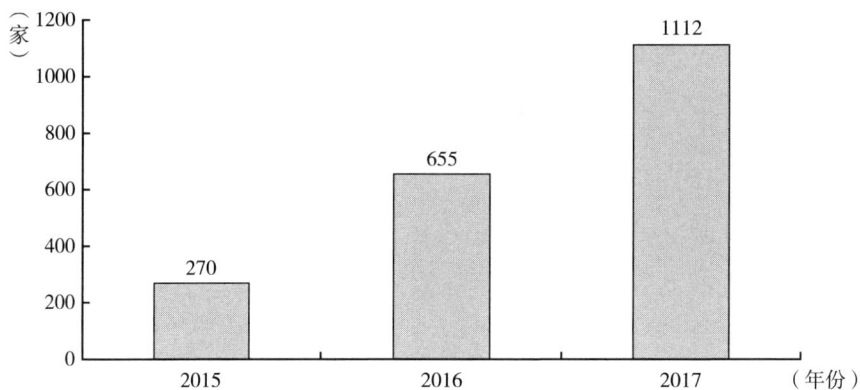

图 2　2015～2017 年东莞"三融合"贷款企业数量

资料来源：项目组整理。

3）。"三融合"贷款规模的迅速扩大源自贷款贴息的效果不断增强，2015 年每 100 万贴息额仅能带动约 4000 万的贷款额度，到 2017 年每 100 万贴息额能带动的贷款额度达到 1.6 亿元，增长了约 3 倍。

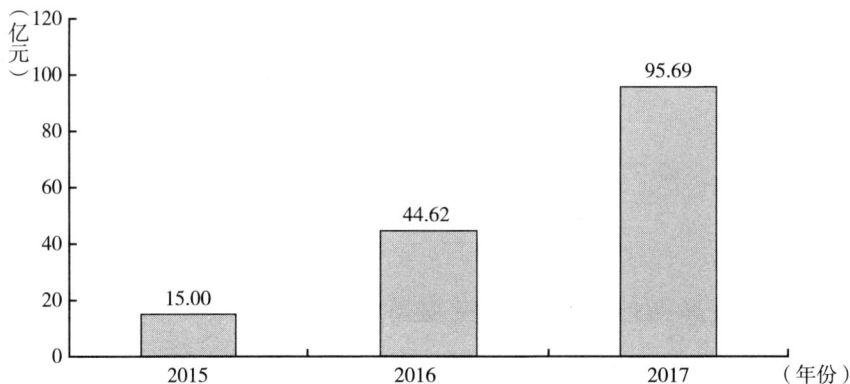

图 3　2015～2017 年东莞"三融合"贷款规模

资料来源：项目组整理。

（二）专利权质押融资创历史新高

长期以来，科技型企业尤其是科技型中小企业由于缺乏固定资产积累，在传统的以资产抵押为主的银行信贷模式下往往难以得到信贷资源支持。在这种情况下，以科技型企业普遍拥有的知识产权为抵押的知识产权质押贷款模式应运而生。2009 年东莞市在获得"国家知识产权质押融资试点单位"资格后，随即开展了一系列知识产权质押融资筹备工作，包括成立知识产权评估机构，出台《专利权质押融资管理办法》等 3 个相关政策文件，与建设银行东莞分行等 3 家银行签署专利权质押贷款合作协议等。

到 2010 年年中筹备工作完成，建设银行东莞分行便率先与东莞市邦臣光电有限公司和东莞市佳鸿机械有限公司开展专利质押贷款业务，专利质押融资在东莞开始全面推广。东莞银行、工商银行东莞分行、招商银行东莞分行、东莞农商行等各大银行也纷纷开始探索专利质押融资业务。到 2016 年东莞市专利质押融资累计贷款达到 12.69 亿元，融资额全省第二，成为国家知识产权质押融资示范城市。2017 年东莞市专利质押融资累计贷款达到 64.93 亿元（见图 4），其中广东东阳光药业有限公司以 18 件发明专利作为部分出质物，获得 32.23 亿元贷款，创下了广东省单笔专利质押融资金额历史新高。

（三）高新技术企业信贷支持潜力巨大

近年来，东莞市将高新技术企业发展作为推动创新驱动发展的重要抓手，颁布实施了《东莞市高新技术企业"育苗造林"行动计划（2015～2017）》和《东莞市高新技术企业树标提质行动计划（2018～2020 年）》，高新技术企业数量不断创历史新

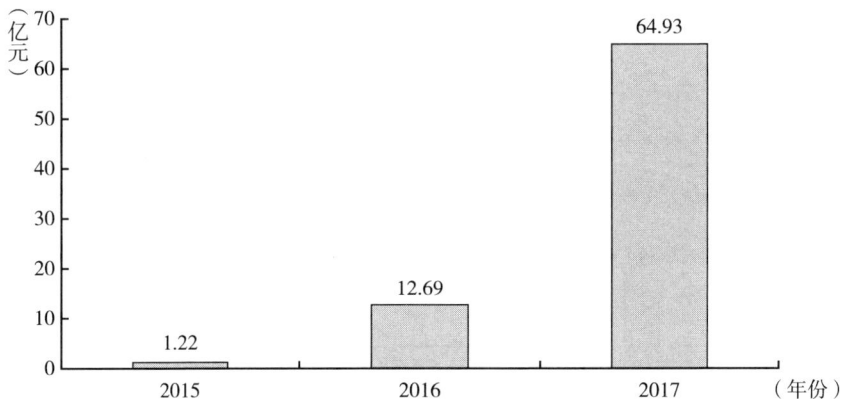

图4　2015～2017年东莞市专利质押融资累计贷款额度

资料来源：项目组整理。

高，到2017年末达到4058家，成为东莞新兴产业发展的主力军。为支持高新技术企业发展，东莞市众多商业银行纷纷推出了针对高新技术企业的信贷产品，如东莞银行针对国家高新技术企业和省高新技术企业培育入库企业推出"高企信用贷"，分别给予300万元和200万元的信用额度。

到2017年底东莞市各类银行金融机构向高新技术企业贷款余额达到316.66亿元，在珠三角各地市中排名第四位，低于深圳、广州、佛山等城市（见图5）。从对高新技术企业贷款余额占全部贷款余额的比重看，珠三角地区对高新技术企业支持力度最大的城市是深圳市。2017年深圳市对高新技术企业贷款余额达到3384.78亿元，占全市贷款余额的7.31%，而东莞市银行机构对高新技术企业贷款占贷款余额的比例仅为4.53，在珠三角九个城市中仅排在第7位（见图6）。这表明在对高新技术产业的信贷支持上，东莞还有很大的发展空间。

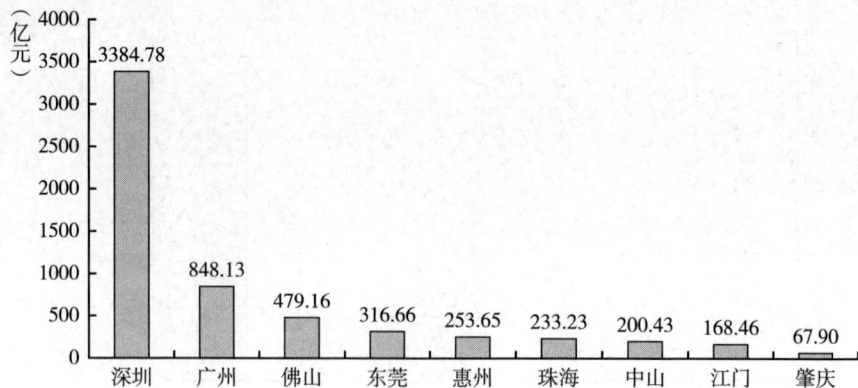

图5 2017年珠三角地区金融机构对高新技术企业贷款余额

资料来源：项目组整理。

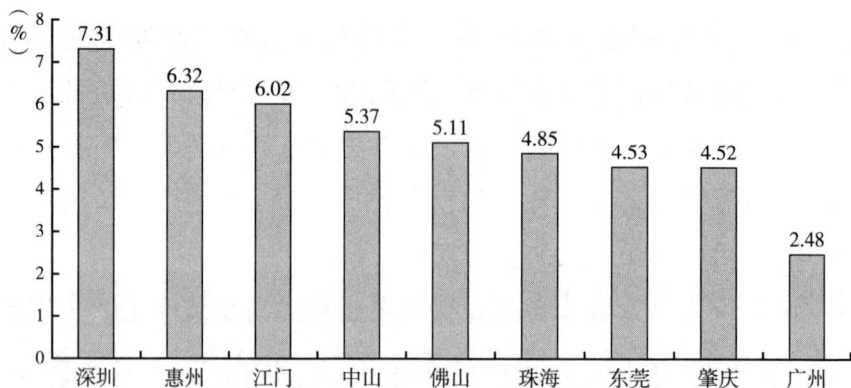

图6 2017年珠三角各市对高新技术企业贷款余额占贷款余额的比重

资料来源：项目组整理。

四 科技金融信贷典型产品

近年来，在创新驱动发展战略的推动下，中小型科技企业迅猛发展，成为推动社会经济转型升级的新动能。各商业银行也开始加速布局中小科技企业，做了许多创新和探索，创新了许多科技金融产品。

（一）东莞银行提供全方位科技金融专属产品

东莞银行近年来不断强化科技金融产品研发，针对科技企业轻资产、重技术的特点，持续迭代更新推出"高企信用贷""科保贷""科技数据贷""专利质押快贷""孵化快贷""三板贷""拨贷联动""投贷联""置业贷""合同贷"等以信用担保方式为主的科技金融专属产品，能够满足科技企业不同成长阶段的融资需求。其中全省首笔"科保贷"、全市首笔"拨贷联动"均在东莞银行成功落地。

2016年东莞银行在东莞市科技保险招标中成为第一批中标银行，并结合市财政的科技保险补贴政策率先推出"科技保险贷款"，对国家高新技术企业和经东莞市科技局审核认定的科技型中小企业免除传统的固定资产抵押担保方式，以企业自身缴纳的履约保证金、东莞市政府的风险补偿金、东莞市科技局确定公布的保险公司承保的保证保险作为主要风险缓释措施，从根本上解决了科技企业由于缺乏固定资产抵押而难以贷款的难题。先后有东莞市热恒注塑科技有限公司等多家国家高新技术企业获得该项贷款。

"拨贷联动"是东莞银行积极响应东莞市的"拨贷联动"支持计划政策，针对获得"科技东莞"工程资金立项资助的有关项目以及获得东莞市财政配套资助的国家/省科技计划项目的科技型企业，推出的科技金融创新产品，采取"先政府立项、后银行贷款、再财政拨款"的形式进行对接支持。先后有东莞市迈科科技有限公司等企业获得该项贷款。

（二）建行东莞分行服务科技企业转型升级

建行东莞分行以"Fit 粤"品牌为切入口，针对东莞市的高新技术企业，全力做好科技金融服务。仅在 2016 年就针对东莞市科技创新成果转化、新三板挂牌或上市、产业并购、机器换人等政府最新政策和企业实际需求，推出了"科技初创贷""科技投贷联""科技上市贷""科技并购贷""机器设备按揭"等新型融资产品，切实满足科技创新企业的生产经营资金需求。

建行东莞分行是全市第一家成功办理纯专利质押贷款的银行，早在 2010 年建行东莞分行就开始涉足专利质押贷款，以借款人自己或第三方所有的专利权（包括发明专利和实用新型专利）或商标权为质押，向建行东莞分行申请贷款。到 2016 年末建行东莞分行已累计办理了 36 户纯专利质押贷款，在全市银行业名列第一。

"机器设备按揭"贷款是建行东莞分行深度响应东莞市"机器换人"发展战略而推出的金融创新产品，是指依托大型机器设备生产企业，建设银行给予卖方按揭授信额度，在授信额度项下，向购买第一手通用机器设备自用或租赁经营的借款人提供按揭贷款，并由卖方对按揭贷款提供全程连带责任保证担保的业务模式。自 2009 年建行东莞分行成功发放建行广东分行第一笔"机器设备按揭"贷款业务起，到 2015 年末已累计办理了 106 户"机器设备按揭"贷款。

普惠金融是建行东莞分行和东莞市科技局合力推广实施的金融策略。建行东莞分行是普惠金融的先行者，早在 2015 年就开始在东莞全市推广普惠科技金融工作，到 2017 年建行东莞分行又率先提出面向科技企业的"技术流"和"能力流"评价体系，符合要求的中小微科技企业最高可获 400 万元普惠性金融贷款。2017 年末，建行东莞分行再次推出面向诚信纳税企业的"云税贷"产品，并在推出当天就给予 358 家企业超过 2.1 亿元信贷支持。截至 2018 年 11 月，建行"云税贷"额度已经超过50 亿元。

（三）东莞农商行支持小微企业加速发展

近年来，东莞农商行组建专业小微业务团队，不断开拓小微金融业务市场，推出了"易微贷""利微贷""捷微贷"三大特色信贷类产品，为小微企业解决结算与融资等方面的各种难题。其中"易微贷"包括担保公司易微贷、股权易微贷、专利商标易微贷等科技金融系列产品。2017 年末东莞农商行的小微企业贷款金额占全市银行的比重已超过三成，小微金融也成为东莞农商行的四大战略板块之一。

2018 年东莞农商行又积极响应东莞市委、市政府建设智造强市的目标，推出了智能产业金融品牌——"智融通"。"智融通"以"助推东莞智造，抢占转型高点"为宗旨，重点支持高端装备、高端新型电子信息、云计算、新能源汽车、新材料等五大板块的企业，全力助推"东莞智造 2025"战略目标。

（四）中国银行高效服务科技型中小企业

中国银行东莞分行早在 2011 年就正式挂牌"中银信贷工厂"，为东莞市中小企业解决"融资难""融资贵"等问题。经过几年耕耘，目前已经发展成为一套专人专工、流水线式的高效中小企业服务模式，并推出股权质押、应收账款质押等新型担保方式，引入科技信贷风险分担机制与财政贴息政策，不仅有效解决了中小企业"融资难"问题，还解决了非抵押、非担保类科技型企业"融资贵"问题。据统计，截至 2018 年 1 月，中国银行东莞分行已成功向东莞市 1500 家企业发放授信额度约 140 亿元，累计为 263 家科技型企业申请纳入风险补偿池，纳入金额达 16.6 亿元。

"投贷联动"是中国银行推出的一项服务中小企业的特色举措。作为国家首批获得"投贷联动"试点资格的银行，中国银行东莞分行率先在东莞推出了"中银科创企业投贷联动直通车"系列活动，联合券商和风投机构为企业提供"银行信贷 + 股权融资 + 资本市场"一站式、一对多现场对接服务，目前已经举办 10 场活动，服务科技型企业超过 500 家，批复贷款超过 30 亿元。

B.4
风险投资直接融资体系发展

摘 要： 近年来，新兴产业的蓬勃发展，东莞创新创业的环境日渐成熟，推动了风险投资在东莞的迅速崛起。本报告从东莞近些年促进风险投资发展的相关政策、东莞风险投资机构的数量和基金规模等方面阐明了东莞风险投资体系的发展现状，梳理了东莞风险投资体系从20世纪90年代至今的发展历程，并以接受风险投资获得成功的三个典型企业案例印证了东莞发展风险投资的重要性。

关键词： 创新创业 风险投资 私募基金管理机构

一 风险投资体系发展现状

随着东莞市产业转型升级成效凸显，新兴产业发展取得巨大突破，带动创新创业蓬勃发展。作为创新创业最重要支撑的风险投资也在东莞迅速崛起，风险投资机构、风险资本和风险企业规模不断壮大，风险投资直接融资体系逐步形成。

---

* 杨凯，硕士研究生，东莞市电子计算中心管理技术岗，研究方向为科技发展与科技政策；郑锦志，在职研究生，东莞市电子计算中心部长、工程师，研究方向为科技发展与科技政策。

（一）风险投资政策环境显著优化

近年来，东莞风险投资兴起的条件逐渐成熟，东莞社会经济的发展也形成了对创业风险投资的客观需求，风险投资在东莞越来越受到关注与重视。为让东莞社会资本中的高风险偏好资金进入创新项目，东莞市委、市政府先后出台《关于支持东莞地方金融机构改革发展的若干意见》《关于缓解中小微企业融资难、融资贵问题的指导意见》《东莞市促进金融、科技、产业创新融合发展三年（2015～2017）行动计划》等多项政策，支持风险投资机构的发展，鼓励民间资本进入风险投资机构，引导风险资本投向实体经济，对风险投资机构的壮大起到了极大的推动作用。

同时，东莞市也极为注重提升风险投资机构合规专业水平，促进风险投资机构健康有序发展。市政府机构一方面积极开展私募基金管理机构培训，为从业人员讲解扶持政策、税收热点、合规操作等相关问题；另一方面放开了私募基金类企业的工商注册登记，并陆续出台了《关于加快培育发展新兴金融业态推动实体经济发展的实施意见》《东莞市促进股权投资基金业发展实施暂行办法》等一系列政策措施，大力吸引各类股权投资基金来莞落户，对符合条件的落户基金给予最高1000万元落户奖励；对基金管理公司给予最高100万元的自用、购置办公用房补贴，并对其高管给予最高100万元个税奖励。

（二）风险投资机构快速发展

根据中国证券基金业协会数据，截至2018年6月21日，注册地为东莞市的私募基金管理人共有96家，管理基金达到224支。按私募基金办公地址划分，办公地址在东莞市的私募基金共有168

家，管理的基金数量达到 424 支。回顾东莞市私募基金的发展过程，2013 年以前是东莞私募基金发展的平稳期，2014 年至今是私募基金的快速发展期。在东莞注册成立的 96 家私募基金中，有 25 家是在 2013 年以前设立的。2014 年始，东莞私募基金发展进入快速发展期，当年成立的基金管理机构达到 18 家，2015 年成立的基金管理机构更是达到 27 家，创历年新高；2016 年、2017 年发展速度趋于平稳，成立的基金管理机构各有 13 家（见图 1）。从横向对比来看，在东莞注册成立的私募基金管理机构数量及其管理的基金均排在珠三角地区第四位，少于深圳、广州、珠海，高于佛山、中山等市（见图 2）。

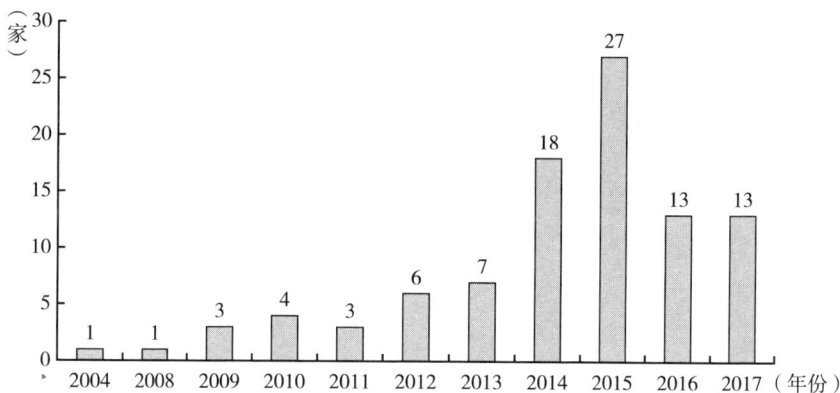

图 1　历年东莞市注册成立的私募基金数量

资料来源：中国证券投资基金业协会。

按办公地址划分，在东莞办公的私募基金管理机构数量及其管理的基金数量排在珠三角地区第三位，仅次于深圳、广州，高于珠海、佛山（见图 3）。可以看到，虽然有很多私募基金注册地并不在东莞，但其实际办公地址却在东莞，这充分体现了东莞良好的实体经济对私募投资基金的吸引力。没有在东莞注册但在

□ 私募基金管理人（家）　■ 基金数量（支）

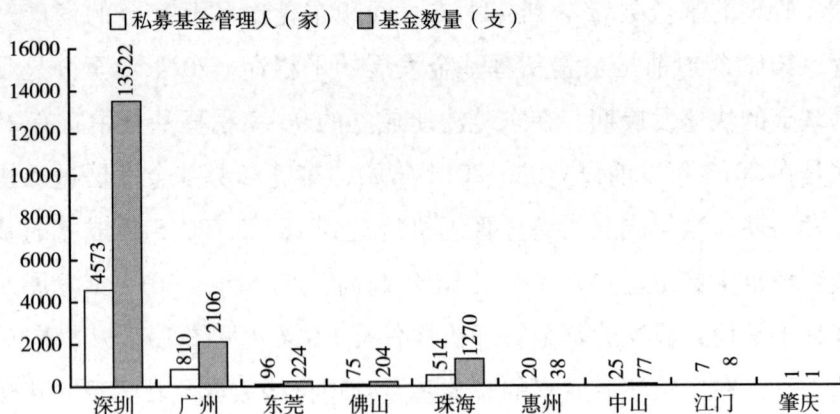

图2　珠三角地区私募基金情况（按注册地划分）

资料来源：中国证券投资基金业协会。

东莞办公的私募基金管理机构达72家，其中59家来自深圳，12家来自省内其他城市，如广州、珠海等，另有1家私募基金注册地为江西省。

□ 私募基金管理人（家）　■ 基金数量（支）

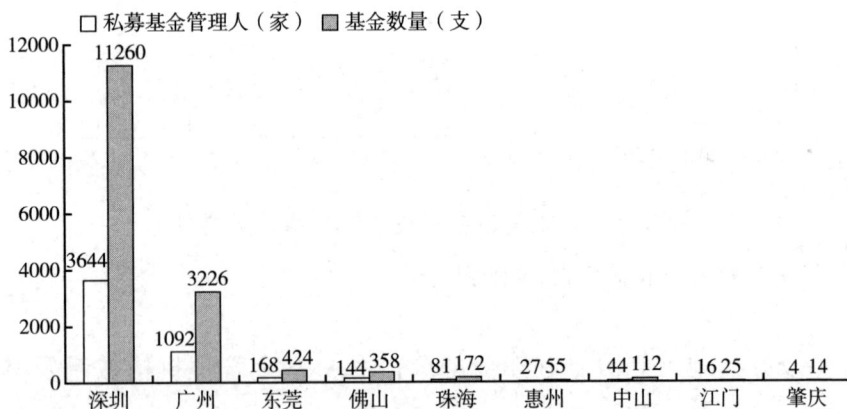

图3　珠三角地区私募基金情况（按办公地划分）

资料来源：中国证券投资基金业协会。

（三）风险资本集聚发展

东莞产业转型升级的发展，使东莞风险投资发展环境得以有效改善。在政府的引导下，大量的民间资本和外来资本进入创业风险投资行业，风险资本呈现集聚发展态势。例如中科中广东莞股权投资基金是广东省地级市发起设立的规模最大的一支股权投资基金，总规模达 50 亿元，首期注册资本达 15.5 亿元，共有 13 个股东。其中，中科白云和广东广电两只基金各出资 1 亿元，东莞市财政出资 2 亿元，南城财政出资 5000 万元，其余 11 亿元则由鸿发、启光、盈元实业、日之泉等 9 个民营企业出资。根据东莞金融投资研究中心数据，截至 2017 年 4 月 23 日，东莞基金管理人所管理的基金规模已上涨到 297.79 亿元。

随着东莞风险投资基金规模的迅速壮大，东莞众创金融街、东莞龙湾梧桐小镇、松山湖基金小镇等风险投资集聚区逐步发展起来，集聚效应开始初步显现。东莞众创金融街以"激活民间资本，促进金融对接实体经济"为目标，引进金融机构和新型经济金融组织及服务型企业82 家，引进及培养金融人才超过6000 人，累计实现融资交易 37 万笔，累计交易额 1074 亿元。松山湖基金小镇于 2017 年 4 月启动运营后，不到一年时间即引入 30 余家基金机构入驻，还获得了工商银行、交通银行、兴业银行、华兴银行等 200 亿元并购基金优先级额度授信。松山湖基金小镇现已集聚银行、券商、互联网服务商等资金渠道和管理服务资源，形成基金业全面发展的服务体系。

二　风险投资发展历程

东莞的创业风险投资机构起步于 20 世纪 90 年代。随着东莞改革开放的推进，以制造业为主的工业经济快速发展，东莞投资事业兴起的条件也逐渐成熟。1993年东莞市富源投资实业有限公司在东莞市黄江镇成立，成为东莞市引进的第一家投资机构，成立之初是以工业园区开发为主。后又成立广东沛丰泰德投资管理有限公司，主要经营企业项目投资、管理以及房地产投资。早期的东莞投资机构数量少，所管理的资金较少，主要投资方向是扩张期和成熟期企业的市场规模扩大和进一步的市场开拓，而对于创业链前端的种子期、初创期、成长期的企业投资较少。

在全球金融危机的冲击下，东莞加速产业转型升级，对高新技术产业、战略新兴产业等经济发展新动能的快速成长有非常迫切的需求。松山湖高新区率先成立了东莞市松山湖创业投资管理有限公司，主要进行创业投资咨询服务，如代理其他创业投资企业的创业投资业务、为创业企业提供创业管理服务等。在此之后，随着东莞优秀科技企业的逐步成长壮大，部分省内风险投资机构陆续进入东莞市开展创业风险投资业务。如广东粤科风险投资管理有限公司、东莞市易沃实业投资有限公司、东莞市融易分享创业投资管理有限公司等。此时，东莞的创业风险投资机构主要集中在松山湖高新区，且大多机构的进驻背后都有政府机构的参与推动。在此期间，东莞的风险投资行业发展仍处于早期。

2013年以后，在习近平总书记"围绕创新链完善资金链"思路的指导下，东莞市为推动科技、金融与产业深度融合，让金融更好地服务实体经济发展，东莞市由财政出资建立了创业风险投资引导基金，推动东莞风险投资行业的发展。东莞市首个政府引导基金由东莞红土创业投资有限公司负责管理，重点支持未上市的成长型中小企业和转型升级企业，投资领域将主要集中在政府重点扶持的战略性新兴产业。随后东莞市政府机构又联合 9 家民企共同成立了广东中广投资管理有限公司，专业投资于战略性新兴产业。

除设立风险投资引导基金外，东莞市努力完善风险投资行业政策环境。2017 年，东莞市放开了私募基金类企业的工商注册登记，并陆续出台了《关于加快培育发展新兴金融业态推动实体经济发展的实施意见》《东莞市促进股权投资基金业发展实施暂行办法》等一系列政策措施，大力吸引各类股权投资基金来莞落户，对符合条件的落户基金给予最高 1000 万元落户奖励；对基金管理公司给予最高 100 万元的自用、购置办公用房补贴，并对其高管给予最高 100 万元个税奖励。同时，积极推动新兴金融集聚区建设，以东莞众创金融街、龙湾梧桐资本小镇、松山湖基金小镇为代表的一批新兴金融业态集聚区建设初见成效。部分镇街（园区）也纷纷出台鼓励政策，形成了上下联动推动风险投资基金业发展的良好格局。在政策引导与鼓励下，东莞掀起了一股创业风险投资的热潮，一大批市外尤其是深圳市的风险投资机构纷纷进驻东莞，同时东莞本土民间风险投资机构也迅速崛起。多元化资本的推动使东莞创业风险投资进入快速发展期。

三　风险投资典型案例

2015～2017 年，从东莞高新技术企业得到的风险投资来看，东莞风险投资相对集中的领域有电子信息、新材料、先进制造与自动化等。这三个领域接受的风险投资数量占高新技术企业接受的风险投资数量的 87.5%，其中对先进制造与自动化的风险投资占比最高为 37.5%，其次是电子信息和新材料，分别占比 28.1% 和

21.9%。除以上三个领域外，医疗器械、电商等领域也是风险投资重点关注的领域。

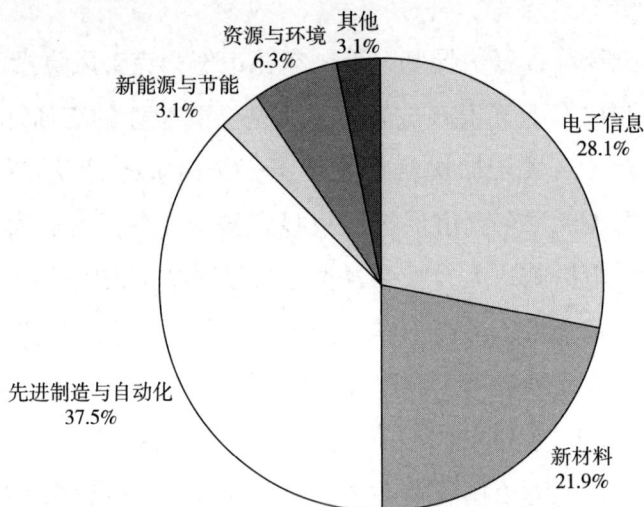

图 4   2015～2017 年高新技术企业接受风险投资的技术领域

资料来源：项目组整理。

（一）博迈医疗以大赛打通融资渠道

广东博迈医疗器械有限公司（简称博迈医疗）是一家专业从事高端医疗器械设计、生产、销售和服务的生产制造型医疗器械生产企业。高端医疗器械具有高技术含量、高附加值、高风险、法规监管严格等特点，前期发展需要大量资金。博迈医疗通过第二届中国创新创业大赛（广东·东莞赛区）暨首届赢在东莞科技创新创业大赛展示其创新项目，并以优异成绩获得东莞赛区初创组总冠军，受到创业风险投资的关注和青睐。2013 年底和 2014 年初博迈医疗完成了 A 轮融资，同创伟业联合其他风险投资机构对其进行了数千万元的投资。2015 年，博迈医疗完成数千万元 B 轮融资，投资方包括同创伟业、投控东海与一家国际背景风投机构。获得充足资金支持后，博迈医疗加速产品开发与市场拓展。2016 年底博迈医疗就已经实现盈亏平衡，成为国内生产冠脉球囊扩张导管的优秀企业，产品行销近 30 个国家和地区，成为 2016 年投中榜《中国医疗器械产业十大最佳投资案例》。2017 年博迈医疗获得全球知名整合医疗服务和产品提供商康德乐的青睐，达成了代理其品牌的战略合作。

（二）李群自动化以先进技术赢得资本青睐

在 A 轮融资之前，李群自动化就凭借其在高端工业机器人自主研发上精益求精的优势，成为行业内公认的潜力股，得到国际顶尖风投机构——红杉资本的关注，并在 2015 年首轮融资中领投 3000 万元。一年之后，李群自动化进行了 B 轮融资，由赛富基金领投，融资规模达到数千万美元。一系列风险资本的进入极大地促进了李群自动化的发展，使其成为国内小轻量级机器人领域发展势头强劲的"新兴企业"。目前，李群自动化机器人产品与解决方案涵盖食品、医疗、3C、家电、日化、玻璃加工、新能源等多个领域，并为不少知名企业客户提供了高标准、高品质的产品与服务。2017 年李群自动化在 CIROS 展会上，荣获"金手指奖——2017 最佳工业机器人"大奖，获得国内顶级机器人平台的认可。2018 年李群自动化再次获得资本青睐，获得粤科金融集团和天鹰资本近亿元的 C 轮融资。

（三）东莞盟大专业垂直电商模式获得青睐

东莞盟大集团是东莞市专注塑化产业电商交易平台的企业，成立五年多以来，一直深耕塑化领域细分市场，拥有互联网与塑料行业专业的复合型骨干团队，在行业中占有重要位置。2015 年在互联网行业 VC/PE 融资规模环比大幅下降的情况下，盟大集团以其在传统行业的深厚底蕴，受到了启赋资本、泽贤投资、华峰资本等创业风险投资的青睐，获得 B 轮融资 5000 万元。目前，盟大集团的大易有塑平台仅用三年时间就实现累计贸易额 600 亿元的突破，并完成超 2 亿元 C 轮及 C + 融资，市场估值超过 20 亿元，证明了市场对盟大集团在塑化领域深耕"互联网 +"的高度认可。

B.5
政府创业投资引导基金
直接融资体系建设与应用

李建平　唐魏芳*

摘　要： 政府创业投资引导基金融资体系和多层次资本市场
体系是科技金融体系中的两个重要组成部分。本报
告整体介绍了东莞政府引导基金和 A 股市场、新三
板、区域性股权交易市场等多层次资本市场的建设
情况，总结了东莞市引导基金和多层次资本市场的
运用方式，并以实例列举了若干引导基金撬动社会
资本、加速企业成长，以及多层次资本市场助力企
业腾飞的成功案例。

关键词： 创业投资引导基金　多层次资本市场　科技型企业

一　政府创业投资引导基金直接融资
体系建设与应用

政府引导基金是政府以财政出资为引导，发挥财政资金杠杆效

---

* 李建平，硕士研究生，东莞市电子计算中心部长、工程师，研究方向为科技发展与科技政策；唐魏芳，东莞市电子计算中心部长，研究方向为科技发展与科技政策。

应，增加社会资本对特定领域的供给，如创新创业、产业并购、基础设施建设等领域。政府创业投资引导基金是由政府出资，通过第三方专业投资管理机构以股权或债权等方式扶持特定阶段、行业与区域的创业投资企业的发展，吸引社会资金对初创期、成长期企业进行投资，以发挥财政资金的引导作用。

（一）政府引导基金发展情况

1. 国内政府引导基金概况

在 2005 年之前，我国政府引导基金的发展处于探索起步阶段，仅有个别城市在探索引导基金的运行模式。2002 年 1 月，中关村管委会出资设立的"中关村创业投资引导资金"，是我国第一支由政府出资设立的具有"引导"名义的创业投资引导基金。

2005 年，中央十部委发布了《创业投资企业管理暂行办法》，明确国家和地方政府可以设立创业投资引导基金，引导资金进入创投行业。自此我国股权私募基金和创业投资基金逐步繁荣发展。数据统计显示，2006 ~ 2007 年，全国新成立政府引导基金 12 支，基金总规模近 35 亿元。

2008 年 10 月，中央部委出台了《关于创业投资引导基金规范设立与运作的指导意见》。自此，政府创业投资引导基金有了操作指南，各地政府引导基金的设立呈现逐年增长态势。2009 年 10 月，国家发改委、财政部与七省市政府联合设立了 20 支创业投资基金。截至 2010 年末，全国共新成立政府引导基金 116 支，基金总规模超过 600 亿元。

2014 年，政府引导基金的设立与运作向市场化模式转型，各类规模巨大的国家层面创业投资引导基金开始陆续出现。2015 年 1 月，国家决定设立规模达 400 亿元的国家新兴产业创业投资引导基金，助推双创与产业转型升级。9月，国务院决定设立国家中小企业发展基金，重点支持种子期、初创期成长型中小企业发展，基金管理规模达到600亿元。在国家的引导与示范下，各地方政府的引导基金发展进入快速发展期。清科数据显示，截至2015年底，国内共成立的政府引导基金有780支，基金管理总规模达到2.2万亿元，其中2015年全国政府引导基金呈现爆发态势，当年共新成立政府引导基金313支，基金规模达到1.5万亿元，新成立的引导基金管理规模一举超越历年累计总和。截至2016年底，我国已成立的各类政府引导基金达1047支，募集金额达到3.3亿元，已成为股权投资市场的重要参与力量。

2. 东莞政府引导基金发展情况

2012年7月，《东莞市产业升级转型及创业投资引导基金管理暂行办法》正式印发。随即，东莞市委常委会审议通过了总规模高达20亿元的东莞市产业转型升级及创业投资引导基金，东莞市政府创业投资引导基金进入快速发展期。在2013年内东莞市陆续成立了中科中广东莞股权投资基金和东莞市华科松湖创业投资有限公司，基金总规模分别为50亿元和20亿元。自2013年始，由各级政府参与的股权投资基金陆续成立，如广东达仁江海创新创业种子投资中心、广东莞商清大股权投资基金、东莞市产业投资母基金有限公司、虎门倍增优选股权投资，成为政府引导社会资本投资创新创业与推动产业转型升级的重要政策工具。2014年1月东莞首个政府引导性创投基金——东莞红土创业投资有限公司挂牌成立，基金规划总规模20亿元，首期募集金额5亿元，由东莞市政府、松山湖管委会和深圳创新投资集团有限公司联合发起，7家法人机构共同出资设立，主要投资于东莞市未上市的成长型中小企业和转型升级企业。至

2017年底，东莞共有创业投资引导基金11支，基金总规模超过200亿元。

（二）东莞引导基金的运用情况

1. 有效放大社会资本投资

在政府政策的引导和鼓励下，大量社会资本参与创业投资基金的发起设立。到2017年底东莞11支创业投资基金的实缴规模中有22.84亿元来自民间资本，占全部实缴规模的63%。11支基金中除东莞市产业母基金由市政府全额出资、广东达仁江海创新创业种子投资中心民间资本占比1/3外，其余9支基金民间资本占比均达60%以上，有效实现了引导社会资本进入创新创业与产业转型升级领域。此外，在各类引导基金的示范与带动下，东莞各类创业投资基金大量涌现，有效提升了东莞股权投资市场的发展热度，吸引大量的民间资本进入VC/PE市场，对东莞新兴产业的培育与产业转型升级起到了积极的推动作用。

2. 建立"基金的基金"

"基金的基金"即由政府出资组建的母基金，不仅能够提高资本使用效率，促进创业投资市场的繁荣发展，而且由于其市场化程度较高，有利于创业投资企业的独立发展。2017年东莞金控代表东莞市政府出资设立注册资本为10亿元的东莞市产业投资母基金有限公司（下称母基金），并依据市财政局授权，对外行使母基金出资人的各项权利并承担相应的职责义务。母基金主要支持东莞市政府重点扶持的产业发展，计划在24个月内募资设立8支或以上的直投子基金，在母基金运营期内，完成母基金和子基金总规模合计不少于50亿元的目标。母基金不直接投资项目，只负责参与募资发起设立完全市场化运作的直投子基金，成为基金中的"基金",从而孵化出一批市场化的投资基金,推动东莞股权投资市场进一步繁荣发展。

3. 成立市属的科技创新金融集团

2018年东莞市全新的科技创新金融集团正式成立并运作。科技创新金融集团由东莞市原先的科技金融集团升为市属一级国企,并注入国弘投资、融资担保公司、生物技术公司等资产,成为全新的科技创新金融集团。集团定位为东莞市创新创业和科技发展领域的产业基金运作平台、国有资本投资平台、科技金融服务平台等"三个平台"。科技创新金融集团将以国内一流的国有投融资机构——深创投集团为学习标杆,牢牢把握"三个平台"定位,整合各方优势资源,引导社会资本投向东莞市优势产业、重点新兴产业,打造一个东莞本土主流的科技创新投融资平台,助力东莞早日成为大湾区的先进制造业中心。科技创新金融集团争取在三年内管理的基金规模超过10亿元,投资科技型企业20家左右,成功培育"倍增计划"企业10家,推动新兴产业快速发展。

(三)引导基金典型案例

1. 中科中广东莞股权投资基金撬动多方资本

中科中广东莞股权投资基金是东莞成立的第二支主要由财政引导的股权投资基金,是由省战略性新兴产业旗舰基金中科白云新兴产业基金(简称中科白云)及广东广电产业基金(简称广东广电)联合东莞市及南城街道财政资金,由东莞市金融工作局及国内知名基金管理机构中科招商旗下的广东中广投资管理有限公司(简称中广投资)牵头发起设立的股权投资基金。其中,中科白云和广东广电两只基金各出资1亿元,东莞市财政出资2亿元,南城财政出资5000万元,其余11亿元则由鸿发、启光、盈元实业、日之泉等9个民营企业出资，形成由省、市、区三级财政引导、民间资本广泛参与的战略性新兴产业股权投资基金。

2. 东莞市华科松湖基金加速企业成长

华科松湖基金是专注于高端制造业的股权投资基金，由东莞华中科技大学制造工程研究院（简称华科工研院）联合松山湖控股公司和东莞宝来德资产管理有限公司共同发起，计划总规模20亿元，首期规模3亿元。华科松湖基金主要协同培育东莞上市企业集群，打造产学研用与产业孵化的全产业链投资平台。基金投资领域主要集中在智能制造、新型电子信息以及新能源、新材料、生物医药、节能环保等东莞市重点发展的战略性新兴产业，优先投资东莞和松山湖高新区高潜力、科技型企业，覆盖企业初创期、成长期、成熟期、Pre-IPO各个阶段。自基金成立以来已扶持多个企业发展壮大，如鸿纳新材料、思谷数字、闪图科技等。

3. 博实睿德信机器人股权投资中心集合创新资源

东莞市博实睿德信机器人股权投资中心，为睿德信投资集团联合东莞市政府、博实股份及产业链相关方共同发起设立的机器人产业基金，基金规模为5亿人民币，首期2亿元。基金深耕于工业4.0、智能装备、先进制造、机器人核心部件、医疗机器人及服务机器人行业，覆盖早期到成熟期各个阶段的股权投资，致力于推动东莞机器人产业的发展壮大。博实睿德信基金由睿德信投资集团出资20%，并出任基金管理人，东莞市政府出资30%，并在自动化技术支持、产业资源、政府政策等多方面提供强有力的保障。目前，博实睿德信机器人产业基金已经投资项目11个，累计投资金额已达1.4亿元，其中数个投资项目在东莞市；投资于东莞项目及落地东莞项目的投资额近5000万元。

4. 长安以特色产业引导基金助力企业发展

为解决小微企业贷款难、贷款贵的难题，东莞长安镇政府牵头设立规模为 2 亿元的五金模具产业基金，成为全市首只由镇政府牵头成立的引导基金。该基金由长安政府做资金引导，东莞五金机械模具行业协会参与，东莞市长盈投资发展有限公司、东莞辰途投资管理有限公司、广东融川股权投资基金管理有限公司、东莞万众实业投资管理有限公司发起，共同出资 4500 万元，由广东融川股权投资基金管理有限公司和东莞辰途投资管理有限公司共同管理。基金主要以五金模具行业以及其他行业高成长型企业的股权为投资标的，对注册地在长安镇的企业投资比例高达 60%，将有效帮助长安镇五金模具企业"调整资产端、稳定债务端、放大权益端"，借助资本力量帮助企业发展壮大，推动产业转型升级。

5. 粤科粤莞致力于推动科技产业的转型升级

粤莞科技创新股权投资母基金是由东莞金控集团、粤科金融集团、中行广东省分行等共同投资设立的并购母基金。该母基金落户东莞，计划总投资超过 100 亿元，主要用于广深科技创新走廊的建设与发展，重点投向科技创新方面的子基金及项目，推动广州、深圳、东莞等地市科技创新发展。

二　多层次资本市场体系建设与应用

自 1994 年粤宏远 A 率先进入资本市场以来，经过二十多年的发展，东莞已经形成了包括沪深主板市场、中小板、创业板、全国中小企业股份转让系统、区域性股权交易市场等在内的多层次资本市场，在发挥资本市场作用为实体经济服务方面取得了突出成效。

（一）多层次资本市场的建设与发展

1. A股市场

2008年金融危机以前，东莞市仅有粤宏远A、锦龙控股、东莞控股、生益科技等4家上市企业。东莞大部分企业融资主要依靠商会、协会或同乡会等民间组织的私人关系，资本市场并未受到企业的重视。2008年以后经济全球化加速发展，仅依靠民间借贷市场难以满足东莞市企业转型升级的融资需求，要快速、稳健地培育大型企业，就必须构建多层次资本市场，充分发挥资本市场的作用。面对挑战，东莞市陆续出台《东莞市鼓励科技企业上市暂行办法》及实施细则，提出打造"东莞科技企业上市板块"，随后东莞市又成立发展利用资本市场工作领导小组，全面推动企业上市。到2017年仅仅不到10年时间就推动众生药业、搜于特、劲胜精密、银禧科技等26家企业在A股成功上市。2008~2017年东莞市A股上市企业数量如图1所示。截至2018年4月，东莞市A股上市企业总数达到27家，募集资金达到129.62亿元。其中上交所（含B股）上市企业2家，深交所主板（含B股）上市企业3家，深交所创业板上市企业12家，深交所中小板上市企业10家。东莞市A股上市企业分布情况如图2所示。

2. 新三板市场

中小企业是东莞制造业的重要支撑。东莞市拥有15万户以上的中小微企业，其中包括4000多户规模以上企业。为拓展中小企业融资渠道，顺利推进东莞制造业转型升级，2013年11月东莞市颁布实施《东莞市鼓励企业挂牌全国股转系统暂行办法》，积极推动企业在新三板挂牌上市，一次性奖励成功挂牌新三板企业100万元。在东莞市政府的大力推动下，伯朗特等8家东莞企业于2014

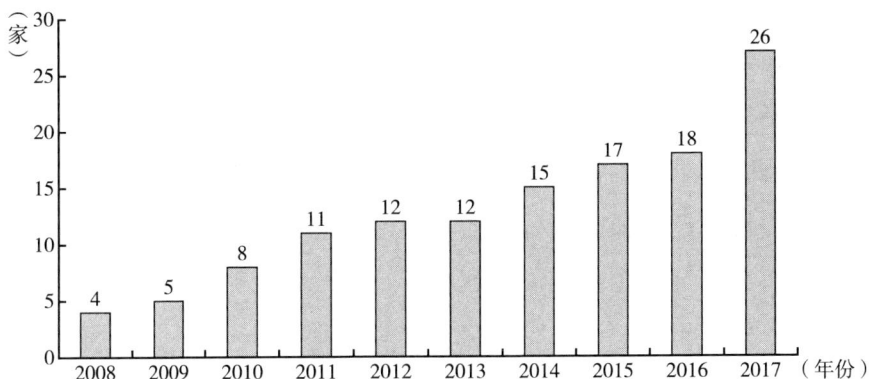

图1 2008～2017年东莞市A股上市企业数量

资料来源：杨仕晓、陈益云：《东莞上市公司存在的问题及发展策略——基于与佛山上市公司比较的视角》，《商场现代化》2018年第15期。

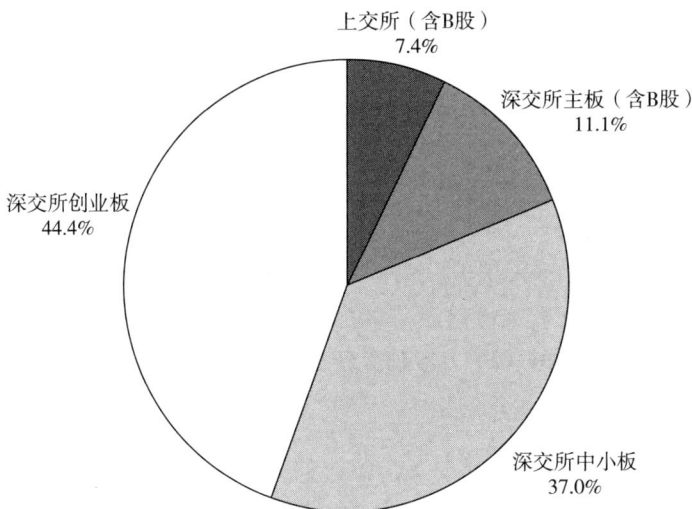

图2 东莞市A股上市企业分布情况

资料来源：杨仕晓、陈益云：《东莞上市公司存在的问题及发展策略——基于与佛山上市公司比较的视角》，《商场现代化》2018年第15期。

年1月集体挂牌新三板，成为新三板全国扩容后首批挂牌企业。随后东莞市新三板上市挂牌的企业进入快速增长期，到2015年末，东莞在新三板上市挂牌的企业数量达到63家，在广东省仅次于深圳和广州，位列全省第三名。2016年东莞新三板上市挂牌企业数量继续保持高速增长，新增企业103家，总数达到166家。随着东莞新三板上市挂牌企业数量快速增长，新三板上市挂牌路径逐渐成熟，新三板上市挂牌逐步得到企业认可。到2017年末东莞市上市挂牌企业达到202家，占广东省新三板挂牌上市企业比重达到10.8%。2014～2017年东莞新三板上市挂牌企业数量如图3所示。

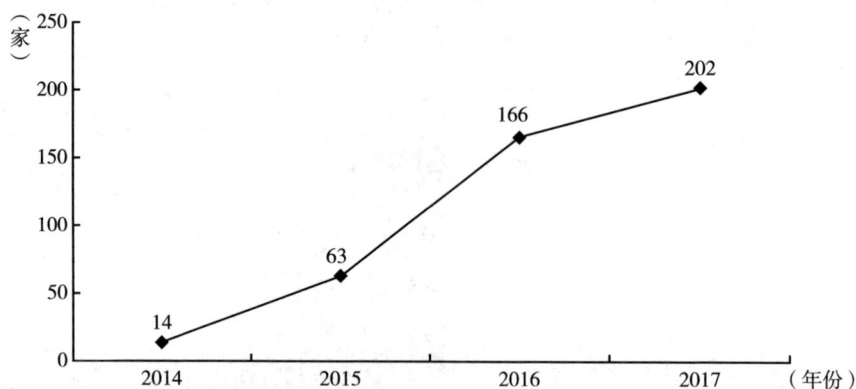

图3 2014～2017年东莞新三板上市挂牌企业数量

资料来源：项目组整理。

3. 区域性股权市场

区域性股权交易市场是东莞多层次资本市场体系的重要组成部分，主要为小微企业发展解决融资问题，扶持小微企业运用各种政策和社会资本发展壮大。广东省区域性股权交易市场主要由前海股权交易中心和广东股权交易中心构成。其中，前海股权交易中心2013年在东莞设立经营中心，2016年成立前海东莞中心。截至2017

年末，在前海股权交易中心挂牌的企业已经超过450家，涉及电子信息、电气机械和器材制造、包装印刷业等多个东莞支柱行业和特色行业，融资额度达到2亿多元。广东股权交易中心于2018年7月由原广东金融高新区股权交易中心有限公司、广州股权交易中心有限公司组成。2016年广东金融高新区股权交易中心在东莞设立运营中心，主要开展东莞企业上市、挂牌、发债、股权融资等相关业务。

（二）资本市场对企业支持方式分析

1. 以区域股权市场支持初创期

区域性股权交易市场是省内中小微企业进行私募股权融资的主要市场，是多层次资本市场的重要组成部分。它的进入门槛较低、形式多样、风险可控，能够为中小微企业提供挂牌、股权转让、再融资机会。以前海股权交易（东莞）中心（以下简称中心）为例，该中心针对中小微企业逐步形成四大发展特色。一是推进小微企业挂牌，与其他资本市场挂牌相比，中心对于存续时间、净利润、营业收入、净资产等方面的要求都相对较低，且还提供孵化服务，从企业挂牌上市到投融资机构对接一站式满足企业资本需求。二是降低企业融资费用，中心推出"梧桐小贷""梧桐私募债""梧桐股融E""定制股权融资""梧桐资金计划""小贷融资"等六大融资方式，不仅可以节省大量保荐费、承销费、公关费等，还可以通过信用积分降低融资成本、加快放款速度。三是减少融资审批程序，在"市场自治、规则公开、卖者有责、买者自负"原则下，企业在前海股权交易中心挂牌无须行政审批。四是帮助企业提升。中心为企业提供"定制化课程""品牌全案资源""VI系统设计""股权激励咨询"等多种服务，帮助企业提升管理能力。

表1 深圳前海股权交易中心挂牌条件

标准版	孵化版
①盈利指标:最近12个月的净利润累计不少于300万元。	①固定的办公场所; ②满足企业正常运作的人员;
②营业收入和成长指标:最近12个月的营业收入累计不少于2000万元;或最近24个月的营业收入累计不少于2000万元,且增长率不小于30%。	③合法有效的营业执照或其他合法执业证照; ④不存在重大违法违规行为或被国家相关部门予以严重处罚;
③净资产和营业收入指标:净资产不少于1000万元,且最近12个月营业收入不少于500万元。	⑤企业的董事、监事、经营管理人员不存在《公司法》第一百四十六条所列属的或违反国家其他相关法律法规的情形;
④金融机构增信指标:最近12个月银行贷款100万元以上;或投资机构股权投资达100万元以上。	⑥本中心认定的其他情形。

资料来源:前海股权交易中心(东莞)有限公司。

2. 以新三板支持成长期企业

新三板(全国中小企业股份转让系统)是全国性公开证券市场的重要组成部分,主要为创新型、创业型、成长型中小微企业的发展服务。符合条件的股份企业在新三板挂牌后可进行股权融资、债权融资、资产重组等。作为以中小制造业企业为主的城市,东莞大力支持新三板企业发展。根据《东莞市鼓励企业挂牌全国股转系统暂行办法》,东莞市对拟在新三板挂牌的企业或已成功挂牌的企业进行奖励。一是可享受"一站式"服务公益绿色办事通道;二是可优先办理用地企业;三是可参照《关于解决上市后备企业历史遗留问题进一步扶持企业上市的若干建议》(东府办〔2011〕77号)有关规定解决;四是挂牌成功后一次性奖励100万元。此外，松山湖高新区也出台《松山湖高新区推动多层次资本市场建设管理暂行办法（试行）》，对成功在新三板挂牌的企业给予人民币 50 万元奖励。①依法设立且存续（存在并持续）满两年。有限责任公司按原账面净资产值折股整体变更为股份有限公司的，存续时间可以从有限责任公司成立之日起计算；②业务明确，具有持续经营能力；③公司治理机制健全，合法规范经营；④股权明晰，股票发行和转让行为合法合规；⑤主办券商推荐并持续督导；⑥全国股份转让系统公司要求的其他条件。

3. 以 A 股市场支持成熟期企业发展

东莞致力于在 A 股市场打造"东莞板块"，先后出台《东莞市鼓励科技企业上市暂行办法》《东莞市鼓励企业利用资本市场扶持办法》等多个政策文件，支持企业挂牌上市。目前，东莞按照"培育一批、申报一批、上市一批、做强一批"的要求，积极打造上市队伍梯度，扶持企业上市。对于上市后备企业，政府为其设立"绿色通道"，实行"一企一策"；对于公开发行股票上市申请资料正式受理的，给予一次性 200 万元奖励；对于上市后首发融资，按募集资金额度的 0.5% 给予最高 500 万元奖励。此外，松山湖、南城等多个镇街也相继出台鼓励企业上市的相关政策，其中松山湖对于上市后备企业奖励 100 万元，提交申请材料奖励 100 万元，成功上市给予最高不超过 800 万元奖励；南城则对主板上市奖励 500 万元，中小板上市奖励 300 万元，创业板上市奖励 200 万元。

（三）多层次资本市场案例分析

1. 劲胜精密借资本市场转型升级

劲胜精密成立于 2003 年，主要为三星、华为、中兴等一线手机品牌生产塑料结构组件。随着手机行业的大幅扩张,企业规模逐步扩大。2009年劲胜精密在深圳创业板成功上市,2014年劲胜精密已经成为手机塑料结构组件的行业销售冠军。但是,由于行业竞争激烈和成本不断上涨,劲胜精密意识到企业要进一步发展,必须向智能制造转变。2015年劲胜精密从资本市场募集15亿元,在智能制造领域进行了一系列布局。一是成功申报国家工信部首批智能制造试点示范项目;二是收购上游企业创世纪100%股权,从而进入高端数控机床领域;三是通过创世纪获得深圳市嘉熠精密自动化28%股权进入自动化行业;四是对外投资参股了武汉艾普工华科技,进入软件行业。到2017年劲胜精密更名为"劲胜智能",成为集高端数控机床、国产机器人、自动化设备、国产系统软件等于一体的智能制造产品和服务体系,向智能制造整体方案解决商转型。同年,劲胜智能净利润达到4.6亿元,同比增长249%,是东莞利润增幅最大的A股上市企业。

2. 拓斯达借新三板成功进入主板市场

拓斯达是东莞大岭山一家为制造业企业提供自动化整体解决方案及相关设备的公司,是广东机器人产业的优秀企业代表。公司于2014年12月在新三板挂牌,在新三板市场中迅速熟悉了资本市场运作。2015年7月在新三板挂牌不到一年时间,拓斯达IPO申请就获证监会受理。在2016年成功过会在深圳创业板上市,成为广东省首家创业板机器人上市公司、首家从新三板转至主板的企业。从新三板市场到主板市场,拓斯达仅用了538天。这主要得益于拓斯达在新三板挂牌期间就十分注重运营的规范与透明,经过新三板的锻炼,规范程度提高,从而能够快速过会。

3. 金铸机械设备借新三板腾飞

东莞市金铸机械设备有限公司是一家专业从事全自动、半自动抛光机、拉丝机、旋压机、砂带机等表面处理机械的研发、生产、销售企业。公司成立于 2006 年，2013 年开始进入快速发展阶段，2015 年成功开发出智能型抛光、拉丝系列设备，销售总额上亿元，并成功开拓海外市场，成为国内抛光、拉丝机械行业的领头企业。2016 年 5 月，东莞市金铸机械设备有限公司正式于深圳前海股权交易中心挂牌，挂牌成功后，不仅利用前海股权交易中心的资本力量扩大规模、夯实基础，而且利用前海股权交易中心的服务团队，规范公司法律、财务，梳理公司商业模式及核心竞争力，进一步登陆新三板。

参考文献

顾焕章、汪泉、吴建军：《资金支持科技型企业的路径分析与江苏实践》，《金融研究》2017 年第 6 期。

广东省科技金融促进会、广东华南科技资本研究院：《2017 广东省科技金融发展报告》，暨南大学出版社，2017。

杨青、彭金鑫：《风险投资产业和高技术产业共生模式研究》，《软科学》2011 年第 2 期。

杨仕晓、陈益云：《东莞上市公司存在的问题及发展策略——基于与佛山上市公司比较的视角》，《商业现代化》2018 年第 15 期。

于静、宋清：《中小型企业信贷融资的创新模式》，《财会月刊》2012 年第 26 期。

张静、吴菡、何国杰：《政府设立创业风险投资引导基金的模式探讨》，《科技管理研究》2007 年第 2 期。

企业与服务篇

Corporate and Service

B.6
企业投融资需求及发展趋势

陈奕毅　杨锐勇*

摘　要：　科技金融最终落脚点在服务科技创新创业和科技企业成长。本报告围绕东莞市的规模以上工业企业、高新技术企业、倍增企业、上市企业等市场主体，整合 2006 年以来的相关数据，研究了企业投融资需求及发展趋势和重点企业发展情况。研究发现，在投融资需求方面规模以上工业企业整体负债率较高，内资企业资产负债率高于港澳台与外资企业；在重点企业发展方面，国家高新技术企业引领发展，倍

* 陈奕毅，硕士研究生，注册会计师，东莞市电子计算中心部长，研究方向为科技发展与科技政策；杨锐勇，在职研究生，东莞市电子计算中心部长，研究方向为科技发展与科技政策。

增计划试点成效突出，企业资本市场上市成效显著。

关键词： 规模以上工业企业　高新技术企业　创新能力 倍增计划

一　企业投融资需求及发展趋势

（一）东莞企业发展基本情况

1.市场主体数量迅速提升

得益于创新理念的深入与商事制度改革的制度红利，近年来，东莞市场主体数量呈现高速增长态势。2017年，全市各类市场主体数量达到100.1万家，首次闯过百万大关，同比增长19.1%，在珠三角九市中增速排名第一位。其中，全市全年新登记企业10.2万家，增长23.5%，占新登记市场主体总量的45.5%。新增新兴产业市场主体8065家，增长29.9%，累计达2.7万家，增长43.6%。在企业密度方面，2017年东莞市每千人拥有企业数量达到49.07家，约是2013年企业密度的2.3倍，如图1所示。

在新注册企业资金规模上，新增100万元以上企业共10.2万家，增长23.5%，累计达41.3万家，增长25.7%；新增1亿元以上企业264家，增长29.4%，累计达1902家，增长22.7%，相比往年均出现较大幅度的增长。在创新型企业主体方面，2017年全市国家高新技术企业数量达到4058家，实现"倍增"式增长；高新技术企业培育入库3315家，同比增长65.5%，同样实现大幅增长。在规模以上工业企业方面，2017年东莞市规模以上

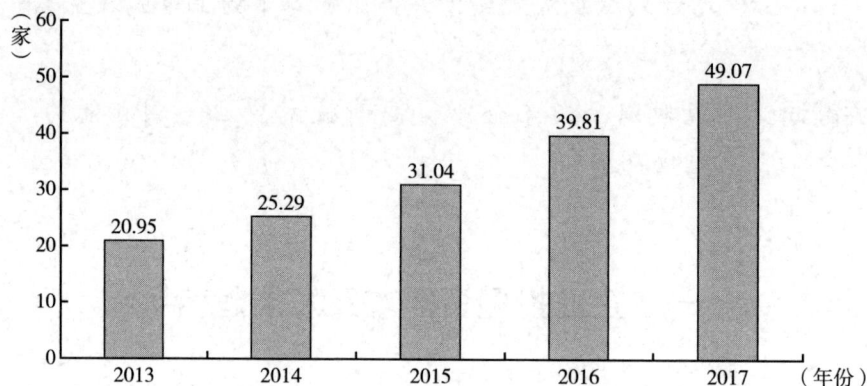

图1　东莞市每千人拥有企业数量

资料来源：项目组整理。

工业企业数量达到7669家，比2016年增加1800家，同比增长30.67%，是自2012年以来规模以上工业企业数量增长最多的一年（见图2）。规模以上工业企业数量的高速增长正是东莞产业厚度的生动体现。

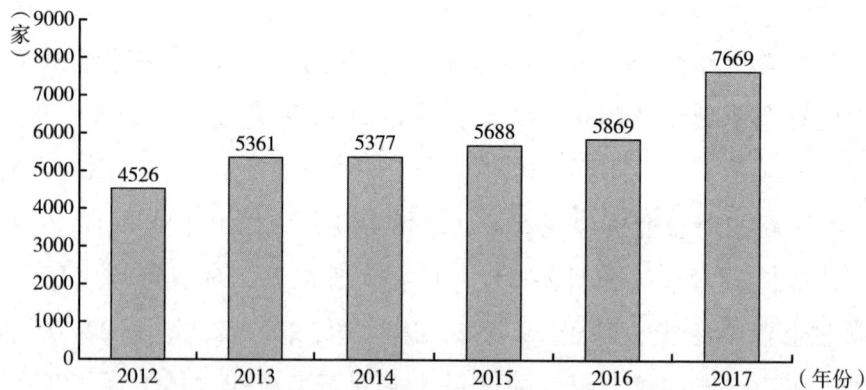

图2　2012～2017年东莞市规模以上工业企业数量

资料来源：项目组整理。

2. 现代产业引领制造业发展

现代制造业发展领先全市，新兴产业、新的发展动能高速增长。2017 年，东莞市先进制造业、高技术制造业分别实现规模以上工业增加值 1675.5 亿元、1292.2 亿元，分别同比增长 13.7%、15%，比全市平均水平分别高 3.7 个、5 个百分点，占全市比重分别为 50.5%、39%。高端电子信息制造业规模以上工业增加值同比增长 18.2%，其中信息通信设备和新型显示分别同比增长 27.9%、35.4%；先进装备制造业规模以上工业增加值同比增长 18.6%，其中智能制造装备、新能源装备、汽车制造、卫星及应用同比增长 30.8%、25.2%、19.3%、15.4%。结合产品产量来看，工业机器人（产量增长 33.4%）、新能源汽车（32.8%）、平板电脑（825.1%）、卫星导航定位接收器（54.6%）、智能电视（87.4%）均有较大幅度增长，这表明新兴产业、新的增长动能正逐步发展壮大。

3. 企业科技创新能力逐年提升

近年来，随着企业创新政策扶持力度逐年加大，企业创新发展能力尤其是科技创新能力有了大幅提升。以全社会 R&D 投入强度为例，2006 年（"科技东莞"工程启动时），东莞市全社会 R&D 投入强度仅有 0.45% 的极低水平，自 2009 年始，东莞全社会 R&D 投入进入爆发式增长阶段，至 2017 年全社会 R&D 投入强度为 2.48%，已经达到了较高水平（见图 3）。东莞市全社会 R&D 投入强度从 2007 年的 0.48% 提升至 2017 年 2.48%，10 年提升了 2 个百分点，平均每年提升 0.2 个百分点。

逐年递升的研发投入带来的是科技成果的快速增长。在专利产出方面，2017 年东莞市专利申请量达到 81275 件，居全省第三位，同比增长 56.92%（见图 4），其中发明专利申请量为 20402 件，同比增长 30.92%，实现了高位基础上的高速增长。

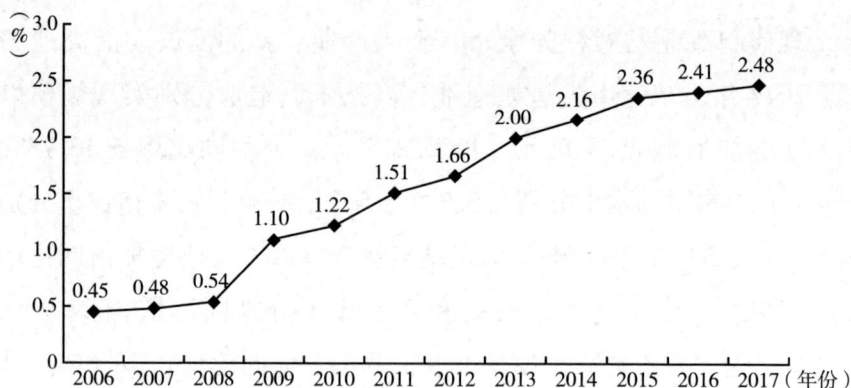

图3　2006~2017年东莞市全社会 R&D 投入强度

资料来源：项目组整理。

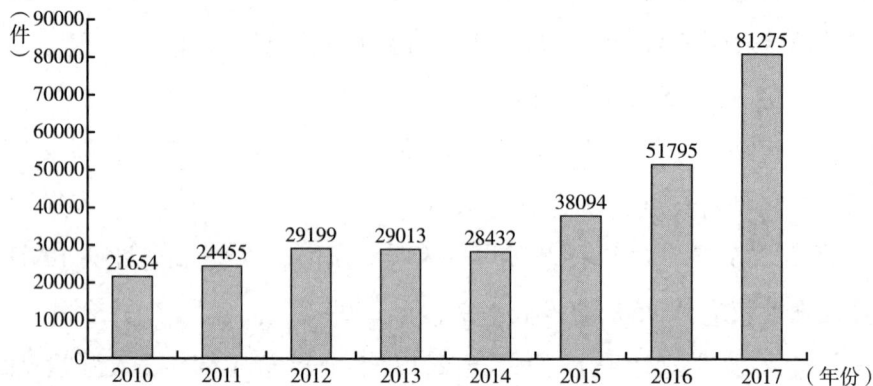

图4　2010~2017年东莞市专利申请量

资料来源：项目组整理。

（二）企业投融资情况

1. 规模以上工业企业整体负债率较高

资产负债率是体现企业负债情况的重要指标。2016 年东莞市规模以上工业企业资产负债率为 60.28%，处于近年来的较高水平。2012～2016 年，东莞市规模以上工业企业资产负债率呈现波动上升趋势，2016 年全市规模以上工业企业资产负债率比 2012 年提升了 2.14 个百分点（见图 5）。

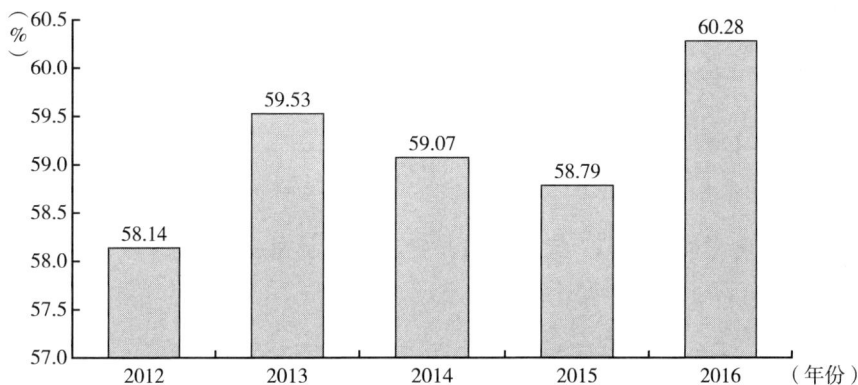

图 5　2012～2016 年东莞规模以上工业企业资产负债率

资料来源：项目组整理。

从企业银行贷款的情况来看，2017 年前 11 个月，东莞市非金融企业及机关团体贷款余额为 3191.89 亿元，同比下降 4.2 个百分点。值得注意的是，近些年来，东莞市非金融企业及机关团体贷款余额呈现下降趋势，如图 6 所示。2015 年底东莞市非金融企业及机关团体贷款余额为 3534.46 亿元，而至 2018 年 3 月末，该项的贷款余额为 3276.6 亿元，减少了 257.86 亿元。综合来看，东莞规模以上工业企业资产负债率的提升更多来源于经营负债，而非金融负债。

2. 内资企业资产负债率高于港澳台与外资企业

按登记注册类型划分，东莞市规模以上工业企业的资产负债率远高于港澳台资与外资企业。以 2016 年为例，内资规模以上工业

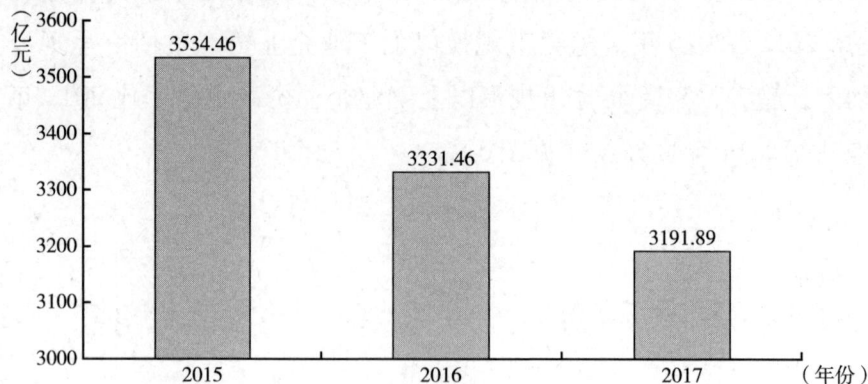

图 6 2015～2017 年东莞市非金融企业及机关团体贷款余额

注：2017 为前 11 个月。
资料来源：项目组整理。

企业资产负债高达71.18%，比港澳台资与外资企业负债水平高出
20 多个百分点。可见，内资规模以上工业企业的负债水平显著高
于港澳台资与外资规模以上工业企业。

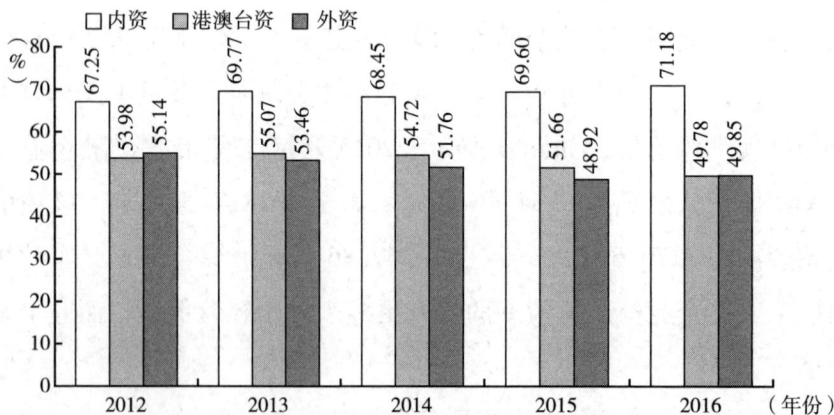

图 7 2012～2016 年东莞规模以上工业企业负债率（按内外资划分）

资料来源：项目组整理。

二 重点企业发展情况

（一）国家高新技术企业引领发展

2017 年东莞市共有 2332 家企业通过国家高新技术企业认定，国家高新技术企业数量达到 4058 家，同比实现翻番。在经济产出上，2017 年东莞市高新技术企业共实现工业总产值 6409.98 亿元，同比增长 57.37%，占全市工业总产值的比重达到 38.06%；实现营业收入 6726.07 亿元，同比增长 51.55%。其中规模以上高新技术企业实现营业收入 6333.06 亿元，占全市高新技术企业营业收入的 94.16%。可见，规模以上高新技术企业虽然企业数量仅占全部高新技术企业的 45%，但在经济产出规模上占据绝对主导地位。从工业增加值来看，根据估算，2017 年全市高新技术企业实现工业增加值约 1417.11 亿元，占全市工业增加值的比重达到 42.72%，高于工业总产值的占比，表明高新技术企业整体的产品增值能力高于全市平均水平。

（二）"倍增计划"试点成效突出

"倍增计划"试点工作是东莞市扶持企业快速成长、推动实体经济发展的战略举措。"倍增计划"政策旨在通过选取有潜力、有代表性的企业，集中配置创新资源，帮助龙头企业率先迈开供给侧结构性改革的步伐，再总结成功经验和路径，用于引导更多企业快速健康成长。2017 年，"倍增计划"试点企业取得了显著的发展成效。首先，"倍增计划"试点企业生产规模扩张领先全市水平。全市 205 家"四上"倍增试点企业实现主营业务收入

4565.63 亿元，同比增长 28%。其中 195 家规模以上工业倍增试点企业实现主营业务收入 4514.12 亿元，同比增长 27.8%，比全市规模以上工业水平高 11.5 个百分点。其次，"倍增计划"试点企业效益领先全市水平。214 家市级倍增试点企业合计完成税收 100.6 亿元，同比增长 21.7%，比全市 16.6% 的税收增长高出 5.1 个百分点。195 家规模以上工业倍增试点企业合计实现利润 159.42 亿元，同比增长 18.6%。其中，利润增速超过 100% 的企业有 38 家，占 19.5%；增幅在 50%~100% 的有 26 家，占 13.3%；增幅在 15%~50% 的有 34 家，占 17.4%。再次，"倍增计划"试点企业创新发展态势明显。市级倍增试点企业 2017 年 1~11 月发明专利申请量达到 1491 件，比 2016 全年发明专利申请量增长 11.52%；新增国家高新技术企业 7 家，高新技术企业总数达到 185 家，占 214 家市级倍增试点企业总数的 86.44%，即绝大部分倍增试点企业都已是国家高新技术企业。

（三）企业资本市场上市成效显著

企业实现资本市场上市，是获取直接融资的重要途径，也是提升企业知名度，助推企业成长壮大的强大推手。截至 2018 年 3 月，东莞市在国内 A 股市场实现上市的企业共有 27 家，其中在 2017 当年上市的企业达到 8 家，共融资 27.59 亿元，是历年来在国内 A 股上市数量最多、融资规模最大的一年。

登陆资本市场，不仅能够获得高质量的融资平台，更重要的是能够借助资本市场的放大作用，推动企业实现跨越式发展。以 2017 年 2 月上市的拓斯达科技股份有限公司为例，2017 年拓斯达实现营业收入 7.64 亿元，同比增幅为 76.51%；归属于上市公司股东的净利润为 1.38 亿元，同比增长 78.15%。上市的第一年，拓斯达便实现了企业营业收入的爆发式增长。与此同时，拓斯达还借助资本市场的力量，以外延收购的方式打造自己的企业生态链，积极向工业物联网等未来产业发展。

三　重点企业投融资典型案例

（一）东阳光药业有限公司知识产权质押融资

据悉，东阳光药业成立于 2003 年，为东阳光集团控股，总部位于广东省东莞市，现有员工 16000 余人。该公司于 2013 年、2015 年成功通过《企业知识产权管理规范》和《创新知识企业知识产权管理通用规范》审核。此外，2017 年，东阳光药业作为实践基地继续为广东审协培训两批审查员，获得国家知识产权示范企业称号。2017 年，东阳光药业以 18 件发明专利作为部分出质物，获得 32.23 亿元贷款，创下了广东省单笔专利权质押融资金额历史新高。2017 年，东阳光药业专利申请量 1700 余件，其中发明专利申请量高达 220 件，真正实现了企业知识产权提质增量。

东阳光药业建有抗感染药物国家重点实验室、冬虫夏草繁育与产品研发国家重点实验室，主要涉及医药、电子材料、健康养生等三大产业。2017 年工业总产值超 300 亿元，其中，医药发明专利申请量、授权量，化合物专利申请量、授权量在国内同行中遥遥领先。公司集聚中坚力量全力研发二十多个全新 1.1 类结构新药项目，不断产生新的知识产权。在全球首仿药方面，东阳光药业以知识产权创造为武器，积极争取权益。目前，芬戈莫德、阿哌沙班、利格列汀等 7 个项目正在美国诉讼争取美国首仿权。

正确运用知识产权法律法规，建立全面的知识产权管理体系，积极推动科技创新、技术进步，维护公司在知识产权方面的正当权益，是东阳光药业现在及将来所要面临的重要课题之一。2018 年，东阳光药业将继续保持 200 + 的发明专利申请，进一步健全完善内部知识产权管理体系，高效运用无形资产价值开展新的专利质押融资工作，切实将专利价值成功进行转化运用，创造出实际效益。截至 2017 年 10 月，东阳光药业共申请发明专利 1906 件，其中中国专利 1207 件、国外专利 699 件。据第三方统计数据，东阳光药业已成为中国医药行业发明专利申请量和授权量最多的企业。东阳光药业还在美国开展了 6 个美国首仿药的专利诉讼，通过合理规避设计与无效专利的手段争取首仿药在美国的提早上市，东阳光药业运用知识产权的能力得到进一步提升。

（二）拓斯达上市融资及发展案例

广东拓斯达科技股份有限公司成立于 2003 年，是一家专门为下游制造业客户提供工业自动化整体解决方案及相关设备的高新技术企业。拓斯达的主要产品及服务包括机械手及配套方案、多关节机器人应用方案、注塑机辅机设备、注塑自动化供料及水电气系统等四大系列，广泛应用于 3C（计算机、通信和消费电子）、家用电器、汽车零部件、医疗器械等众多领域。经过多年发展，拓斯达在机械手及多关节机器人集成应用、工业自动化方案设计及自动化装备制造等方面已积累了丰富的成功经验。目前已与美的、海尔、比亚迪、长城汽车、格兰仕、格力、捷普绿点、TCL 等知名企业建立了良好的合作关系。

拓斯达于 2017 年 2 月成功以公开发行股票的方式在国内创业板上市，募集资金 30084 万元，企业发展迈入全新阶段。成功上市不仅获得了大笔可用资金，更大幅提升了企业知名度与美誉度，对企业生产与经营具有显著的促进作用。拓斯达在上市当年即实现了爆发式增长。2017年拓斯达实现营业收入7.6亿元，同比增长高达76.51%，实现净利润1.38亿元，同比增长77.92%。2017年拓斯达利用上市募集的资金完成了工业机器人及智能装备生产基地、工业机器人与自动化应用技术研发中心、营销与服务网络等项目的建设，极大地夯实了企业未来发展的基础。

有了融资的强力支持，拓斯达持续加大研发投入力度，着力在机器人核心技术领域持续集中投入研发，在产品和技术上均取得一定突破。2017年拓斯达公司研发费用投入4345.90万元，比上年增长115.24%，占营业收入的5.69%。截至2017年底，公司拥有已获得授权的专利99项，其中发明专利8项，另有处于实审阶段的发明专利21项；各类软件著作权14项；同时，还累计申请了与软件相关的各类知识产权达48项（专利40项、软件著作权8项）。

拓斯达在发展过程中不断加强对工业机器人的研发投入，同时在生产技术、产品工艺及应用实践方面积累了丰富的行业经验，在成功上市后得到了金融资源的发展助力，具备了突出的竞争优势。目前拓斯达已成功掌握了自主的工业机器人控制技术，具体包括运动规划、直线圆弧插补算法、PID控制算法、电机控制技术、驱动器控制技术、分布式IO控制技术、远程通信技术、传感器技术、机器人动力学等，其中部分技术已处于国内领先水平；同时掌握了自主的伺服系统技术、机器人视觉算法等机器人核心技术。在研究方面，共拥有各类研发人员423人，研究领域覆盖了基础层研发、应用层研发、产品层研发，为业务提供了强有力的技术支持，并为公司未来长期可持续发展奠定了坚实的基础。

B.7
大数据平台服务支撑作用日益凸显

刘小龙 杨 凯*

摘 要： 服务平台是连接科技、金融、产业的枢纽，本报告围绕东莞市科技创新大数据平台、创赛平台、资本孵化平台等三大科技金融服务平台，深入研究了三大平台的服务功能、服务模式、变革过程、运行架构等方面内容。研究发现：科技创新大数据平台在为金融机构提供数据指引、为风投机构挖掘投资标的、为政府政策提供数据依据、构建创新地图等四个方面应用成效显著；创赛平台在整合优化提升创业链条体系、加快参赛项目落地步伐，推动科技投资纵深发展等三个方面影响深远；资本孵化平台在为创新项目提供成长加速服务、促进企业成长加速方面优势明显。

关键词： 大数据 创新创业大赛 虚拟孵化 投资

---

* 刘小龙，东莞市电子计算中心副主任、工程师，研究方向为科技发展与科技政策；杨凯，硕士研究生，东莞市电子计算中心，管理技术岗，研究方向为科技发展与科技政策。

一 大数据平台服务支撑作用日益凸显

（一）科技创新大数据平台介绍

金融的本质是对风险的把控，造成风险的一个主要原因是信息的不对称。东莞科技金融综合服务中心打造的企业科技创新大数据平台，力求基于大数据技术构建金融机构与企业的信息互通桥梁，实现供需双方的信息对称性，促进金融机构与企业的服务对接。

科技创新大数据平台以东莞的产业特点和企业在科技创新过程中的关键特性为着眼点，形成面向科技创新领域的垂直行业大数据平台，通过数据挖掘、模型评估、行业趋势分析和数据智能检索等功能，实现对企业的有效评价、提升对产业和政府的服务能力、分析有效的投资标的群体，支持企业科技创新，全面推动产业升级发展。

1. 系统架构

科技创新大数据平台是专注于企业科技创新行为和对企业科技创新提供支撑的专业化大数据系统，基本架构如图1所示，系统功能包括三方面。

第一，科技创新大数据的数据采集及处理。①PB级的数据存储与高效处理；②互联网企业科技创新数据深度爬取；③大数据并发访问控制；④标准化数据清洗。

第二，数据智能分析与挖掘。①创新大数据的聚类分析；②创新大数据智能搜索系统；③面向行业的大数据分析与决策支持；④面向行业的服务匹配和信息推送；⑤基于评价模型的企业评价。

第三，可信的安全云平台。①访问用户认证；②虚拟化安全防护系统；③统一的资源调度。

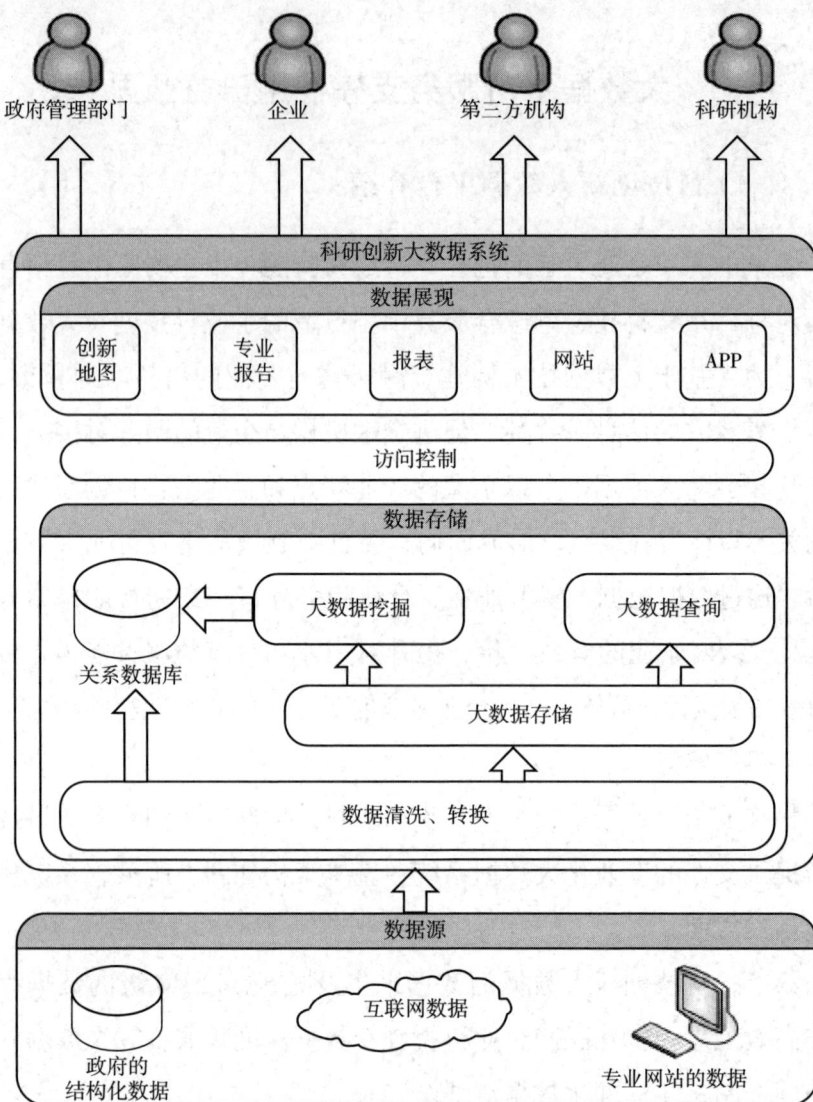

图1 科技创新大数据平台架构

资料来源：项目组整理。

2. 数据维度

科技创新大数据平台是面向科技创新企业的垂直行业应用数据

库,收录企业为东莞市科技创新型企业,以国家高新技术企业和规模以上工业企业为主体。目前数据库中有各类企业超过1万家,包括国家级高新技术企业4058家,规模以上工业企业7669家(国家级高新技术企业与规模以上工业企业有部分重叠)。数据维度以企业科技创新的行为数据为主,包括工商、知识产权、科技项目、科技活动、高新技术产品、法律诉讼、经营状况、自主创新八大类200多个数据维度的数据,涵盖企业经营发展和科技创新多角度的数据。

科技创新大数据平台的绝大多数企业具有连续3年以上跨度的数据。数据由结构化数据和非结构化的互联网数据相结合,多维度、连续时间跨度的数据为有效分析企业的发展情况提供了依据。针对东莞重点支持的新能源、智能制造、电子信息、生物医药、新材料、云计算与大数据等行业,进行了深入的行业分析,形成行业分析报告和行业内企业创新能力排名。基于企业创新能力评价模型进行企业创新能力评价,实现对企业能力的量化分析和对比排名,为机构提供数据参考。

(二)科技创新大数据平台应用实践

科技创新大数据平台建设完成后开展了广泛的应用实践,为金融机构、风险投资、各级政府等提供了大量的数据分析和数据报告,将数据平台的各项数据服务落在实处,并取得了非常好的服务效果。

1.为金融机构提供数据指引

大数据平台为金融机构提供企业群体的分析和数据指引。在产品创新、区域营销、企业信用评价等方面为金融机构提供数据支撑。

大数据平台与银行开展广泛的数据合作。在观念创新上,对企业的评价依据从以往的"现金流、可抵押物的价值"转为"企业科技创新能力",从而让大量科技创新型企业进入银行的潜在客户群体。在技术上，改变原有的以人为主、逐点尽调、人员审批流程，以大数据为提托，建立科学的评价模型，形成白名单和批量审批。在具体实践上，与东莞银行合作建立"科技信用贷"评价模型，并提供企业评价报告，东莞银行以该报告为参考形成企业白名单和授信依据。东莞银行调整业务手段，以分析报告中的企业为服务对象，有效提高了银行科技金融服务的效率并降低了市场成本。以数据分析为依托，进行科技金融产品创新，适应企业需求。

2. 为风投机构挖掘投资标的

大数据平台与金融机构开展广泛的合作，为风投机构提供地区行业分析及投资标的挖掘。目前大数据平台可以为风险投资机构提供东莞重点支持的新能源、智能制造、电子信息、生物医药、新材料、云计算与大数据等行业的深入行业分析报告，提供行业企业排名和对比分析，为风险投资机构在相关行业的投资提供数据指引。

建立了指标评价体系，依据风险投资机构的风险偏好，对东莞市企业挖掘分析和行业创新排名；针对风险投资机构的初步意向企业，形成翔实的企业创新发展数据报告，成为风投机构调研前的数据参考，节省了机构的市场成本。

3. 为政府政策提供数据依据

大数据平台为政府提供常规性的分析报告和定制化的阶段性分析报告，为产业政策的制定、执行过程的反馈和政策绩效的分析提供数据支撑，以数据促进科学决策。提供内容包括：科技发展形势分析报告、高新技术企业发展研究、区域科技发展研究报告、产业领域发展研究、阶段性的行业分析、政策效果分析。

4. 创新地图

创新地图是以大数据平台为基础建立的应用，是东莞科技创新布局的全景图，以空间地理信息为载体，可视化呈现东莞创新要素及未来发展的竞争优势。创新地图功能包括创新走廊、创新要素、领域布局、高新技术企业、历年统计、创新指标和单位检索七大功能模块，全面展示了东莞要素的区域布局和发展情况。创新地图为各级政府部门把握创新活动区域特点和发展趋势提供新的观测视角；为镇街的科技招商工作提供产业分布特点及产业配套情况的展现；为科技工作者提供新的研究平台和参考信息；为企业提供创新规划与创新活动信息指引；为社会大众提供形象直观的东莞创新能力展示窗口。

二 创赛平台深度融合推动创新创业

"赢在东莞"创新创业大赛是由东莞市科技局指导、东莞市电子计算中心承办的旨在展现东莞创新创业企业风采、对接产业资本、促进优秀企业脱颖而出的赛事，也是促进优秀企业与各类资本对接的平台。同时，"赢在东莞"创新创业大赛也是中国创新创业大赛广东省赛区的预选赛，在大赛中获奖的企业将能够跻身更高的展示平台。

（一）创新创业大赛概况

2013 年，首届"赢在东莞"创新创业大赛正式开始举办。五年来，大赛从中国广州、深圳、福建、黑龙江、陕西、东莞、香港、澳门、台湾及美国等地为东莞市吸纳创新项目 1700 多个，最终确认 1578 个，其中创新团队项目累计近 800 个，奖励项目数累计 350 多个，奖励金额 8204 万元，落地东莞的团队项目累计 116 个，港澳台项目累计 6 个，意愿落地港澳台项目 11 个，创业项目质量逐年提升，创新创业氛围逐渐浓厚，不仅成功展示了东莞创新创业的丰硕成果，更成为东莞市招商引资的一个重要渠道。

为扩大影响力，创新创业大赛积极"走出去"，到深圳等周边城市，以及美国、俄罗斯等国家积极招募参赛企业，并撬动镇街（园区）、国外承办单位的资源与力量发掘优质科技创新型项目参赛。五年来，大赛协同9个镇街、4个产业园区、2个高校、1个市外城市、1个境外城市承接赛事的组织安排，拓宽了赛事范围，不仅引进了一批优质团队来莞参赛，也吸引了大批国内外科技型人才对东莞创业环境的关注，对提升东莞创新创业的知名度起到重要的推动作用。

在参赛企业方面，历年报名参赛的企业中，先进制造、电子信息等技术领域的参赛企业与团队数量最为丰富，体现了东莞电子信息、智能制造行业等快速转型升级的良好态势。此外，在新材料、生物医药等新兴行业的参赛企业与团队也保持着相当高的活跃度，每年报名参赛企业的质量逐年提升，充分体现了东莞在新材料、生物医药领域的创新活力。2013～2017年创新创业大赛企业组、团队组报名情况如图1、图2所示。

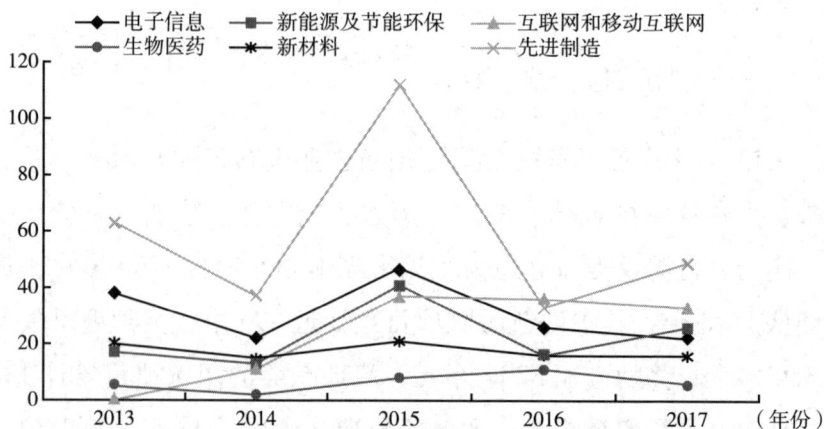

图2　2013～2017年创新创业大赛企业组报名情况

资料来源：项目组整理。

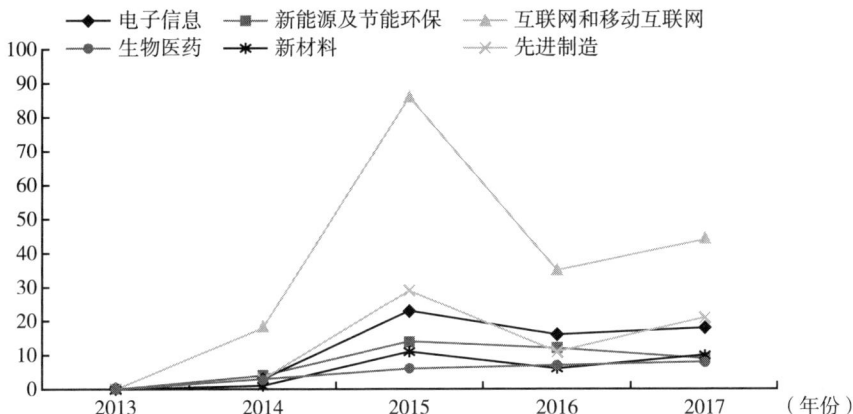

图3 2013～2017年创新创业大赛团队组报名情况

资料来源：项目组整理。

（二）创赛平台的变革过程

2013年，东莞市改革市科技型中小企业技术创新资金专项评审立项方式，首次采用大赛公开路演的形式，以赛代评，遴选一批优秀企业作为市创新资金专项立项单位。大赛的模式改变了以往科技项目封闭评审的做法，将以往评审全由技术专家评定的单一模式，上升为技术专家、投资专家、财务专家综合评定的模式，并适当提升投资与财务专家在评审中的话语权，以更加市场化的方式评判参赛企业的实力与质量。

2014年，东莞市进一步扩大赛事规模，加强省、市、镇三级部门联动，实现省市赛事对接，纳入省赛统一安排，进行省市赛事联评，设立"中国创新创业大赛（广东·东莞赛区）"；并联动松山湖、南城，面向松山湖内的企业设立松山湖分赛区，面向非松山湖注册的东莞企业设立天安数码城分赛区，获奖企业通过市创新资金立项形式获得资助。根据企业规模分创新创业组和创新资金组进行比赛，增加赛事公平性，提高赛事观赏性。

2015年，东莞市全面改革市创新资金专项，调整资助方式，采用无偿资助奖励；联动镇街孵化器，设立专业行业赛，分六大行业领域报名比赛；增加创业团队赛，吸引市外团队落户；结合大学生科技创新节，联合市教育局举办大学生赛，丰富赛事内容。大赛得到了松山湖、南城、常平、清溪、塘厦等相关镇街的大力支持。相关镇街（园区）高度重视，观赛人数众多、现场气氛热烈，实现了省市镇三级机构联动共创大赛的良好格局，呈现了全民参与大赛的全新态势。

2016年，东莞市深化大赛改革，通过大赛平台撬动民间资本，整合多方资源扶持初创企业团队成长壮大，引导获奖项目积极对接风险投资机构或天使投资人，解决企业发展过程中的资金、技术等难题。东莞市首次承接中国创新创业大赛港澳台赛，让两个赛事的获奖项目同台比拼，取得了良好的办赛效果。

2017年，东莞市继续扩大赛事规模，首次走出东莞办大赛，联合松山湖管委会在美国设立国际赛场，联合常平镇政府在深圳设立国内赛场。通过大赛舞台向国内外的优秀企业和创业团队宣传东莞、展示东莞，大赛成为东莞市招才引智的重要举措。

（三）创新创业大赛运行架构

创新创业大赛作为一个重要的创新创业平台，包含了系列不同的具体赛事，如"赢在东莞"东莞市科技创新创业大赛、"松湖杯"松山湖高新区科技创新创业大赛以及"大数据"创新创业大赛等行业主题赛事。随着创新创业活动的纵深发展，将有越来越多的行业主题赛事涌现。

大赛在组织运行架构上采取了"1＋N"式的办赛机制，即1

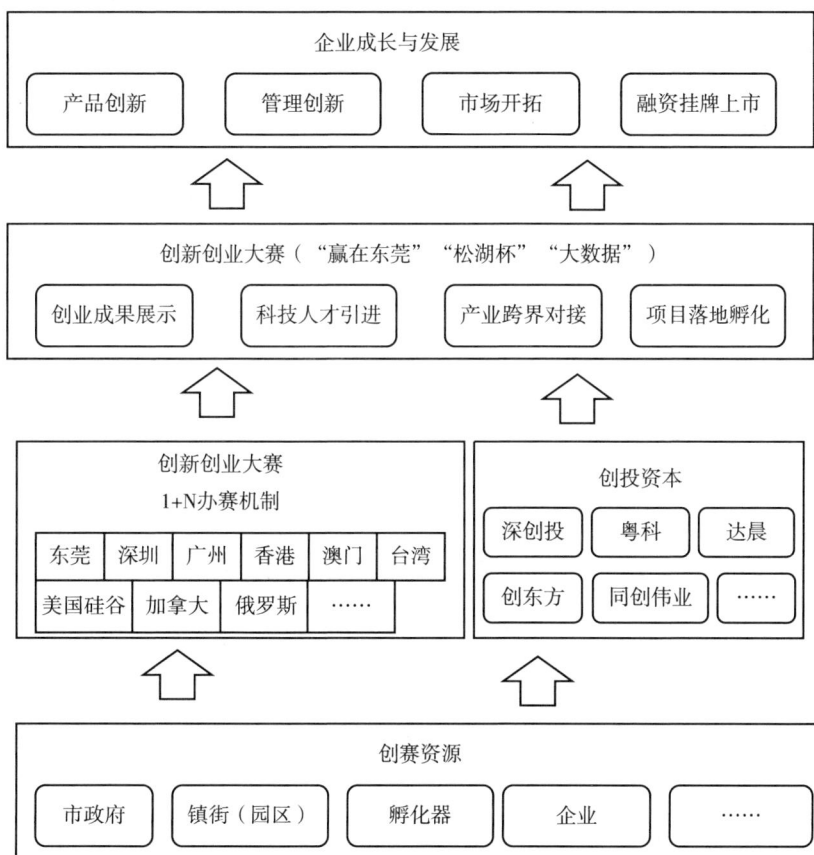

图4 创新创业大赛运行架构

资料来源：项目组整理。

个总决赛加 N 个行业赛或地区赛。行业分赛消除了不同行业的差异，有利于筛选不同行业的龙头企业，区域分赛则消除了不同地区乃至不同国家的差异，确保了总决赛企业类型的多样性。行业分赛或地区分赛极大地扩展了大赛的影响范围，能够汇聚不同地区、不同行业中的优秀创新创业项目，使不同国家、地区、行业中的企业同台竞技，确保了总决赛中参赛项目的极高质量。在办

125

赛过程中，突出创投资本的重要性，所有的专家评委均来自国内知名的风险投资机构、上市企业或龙头企业核心管理层，确保大赛高质量评审的同时，又向这些知名的投资机构或天使投资人介绍了东莞地区优秀的创新创业项目，加深了对东莞地区的认知与了解，实现了双赢。

赛后服务是大赛平台的创新与特色。为持续助力参赛企业的成长，大赛组委会为所有参赛企业提供持续不断的赛后服务，如市场对接、管理咨询、投融资服务、产学研合作等，确保所有参赛项目尤其是获奖项目都能够在东莞成功落地投产，快速发展。

（四）创新创业大赛的影响

1. 搭建创赛平台，整合优化提升创业链条体系

大赛以"注重举办效果、实现落地转化"的基本原则，撬动东莞市知名企业、科研院所及创新型平台等多方面科技资源参与，构建资源服务型综合平台，为东莞本土企业及对外引进的优质团队提供从研发、生产、销售、售后、品牌、技术、投资、场地租赁、法律助援等创业链条各环节服务，共同促进创新创业团队发展壮大。大赛每年向社会招募贷款、券商、专利、技术、品牌、人才、检测、法律、孵化、宣传等各方面服务的支持单位为参赛项目提供创新服务，既提升了参赛企业的参赛表现能力，更是对参赛企业发展的全面诊断。

五年来，大赛从市内外共招募了创新型园区、孵化机构、研发机构、投融资机构等支持单位近100家，包括天安数码城、中集智谷产业园、东莞中山大学研究院、松禾资本、常平科技园、融易生物、松湖华科、高盛等，形成创新创业服务链条，在中小企业发展中所需的各项创新要素及政策服务中，通过项目与机构

的双向选择，帮助项目解决创业相关需求问题，优化创新创业生态圈。

2. 加强供给，加快参赛项目落地步伐

大赛通过整合国内外科技资源，充分发挥市场效力，在全球范围内整合创新资源，实现供给要素的重新配置。大赛依托冠名单位、承办镇街、孵化园区提供的服务优势，以及支持单位提供的优惠政策服务创业链条体系，推动参赛项目落地。根据参赛项目对场地、行业领域等各方面的需求，推荐项目入驻孵化器，除享有孵化器对入驻项目本身所提供的优惠及产业资源的对接服务以外，不定期对项目进行跟踪调查，了解项目的需求情况，并为积极帮助项目企业解决发展问题。以东莞市盟大塑化科技有限公司为例，其作为2015年大赛二等奖企业组获奖企业，通过参加大赛极大地提升了企业自身知名度，自参赛以来备受投资人关注。在各方资源的扶持下，企业发展迈入快车道，2017年先后获得国家、省、市、区各级政府的各类专项资金奖励累计达330多万元，近两年获政府奖励超500万元。盟大塑化科技有限公司于2017年成功入选南城街道倍增试点企业，政策扶持力度进一步增强。截至2017年底，大易有塑交易规模突破300亿元，纳税总额位列南城电子商务类企业第七名，成为东莞电商发展的明星企业。

3. 深度融合，推动科技投资纵深发展

以大赛为平台，整合科研院所技术能力、风险投资机构资本能力、孵化载体服务运营能力等，以资本为纽带，促进企业、技术、资本等三方资源的深度融合。大赛在所有比赛环节中均设置了投资机构代表、科研院所技术专家共同参与的评审机制，在项目参赛过程中进行深入交流，把脉问诊，促进资本、技术与参赛企业的直接对接，为后续企业的融合发展创造有利条件。

三　资本孵化平台汇聚多方资源为
企业成长加速

资本孵化平台是利用汇聚的各类投资资源（资金）、产业资源（上下游产业链）、政府资源（政策），通过虚拟孵化服务体系，为创新项目提供加速成长服务。

（一）科技企业虚拟孵化服务标准

为促进东莞企业积极借助资本市场加快发展，2015 年东莞市电子计算中心与深圳商弈投资管理有限公司共同建立了东莞弈投虚拟孵化器，将其在深圳的弈投虚拟孵化模式复制到东莞来，旨在助力东莞企业利用科技金融手段加速成长。深圳弈投孵化器于 2009 年 7 月成立，搭建了集技术孵化、成长加速、科技金融公共平台、基金领投于一体的创新型科技企业加速平台，是国内首家科技金融孵化器。东莞弈投虚拟孵化器成立后，积极走访企业，免费为近百家企业提供咨询服务，同时为 20 余家企业提供增值服务，提升企业资本运作能力。

基于实践基础，2016 年 5 月，东莞市电子计算中心向广东省质量技术监督局申报科技企业虚拟孵化服务规范的制定，并对科技企业虚拟孵化服务进行了调研并做了标准的整理、分析工作。2016 年 9 月，省质监局的标准制定计划正式立项下达，标准制定工作得以加速推进。东莞市电子计算中心联合广东省科技金融促进会、广东省科技企业孵化器协会、深圳市商弈投资管理有限公司等单位组成标准起草小组，在前期工作的基础上，对所有的材料进行认真分析研究，并结合前期调研结果和自身孵化的工作实践，起草了标准的内容条款草案。经过起草单位的多次研讨和多方意见的收集，形成标准文本上报省质监局，通过专家标准审定会后，广东省地方标准《科技企业虚拟孵化服务规范》（DB44/T2107－2018）于2018年1月2日对外正式发布，受到省内孵化机构与资本服务机构的广泛关注。

标准定义了虚拟孵化器、在孵企业等术语。虚拟孵化器不提供孵化场地，而是通过专业的、一站式创业资本加速体系，培养企业核心竞争力和高速健康发展能力，帮助企业从资本市场的角度进行技术升级和管理创新，提升企业的融资能力和上市能力，最终实现企业走向资本市场。提出了虚拟孵化服务的七大内容，包括为企业厘清资本市场定位、创新技术分析、商业模式梳理、上下游产业协同等，同时也为企业家组织资本思维相关培训活动，提升企业家以资本思维思考企业运作的能力。制定了服务过程的规范要求，包括入孵前评估、确认入孵、入孵后尽职调查、孵化方案设计、孵化方案执行。

虚拟孵化从资本市场角度，通过商业模式梳理、股权激励设计、产业资本对接、风险资本整合等方式，对企业进行管理、技术、市场等路线设计，是以科技金融手段全面提升科技企业竞争力的重要手段。标准的制定为加快科技服务业发展、提升孵化服务的专业性和孵化能力、保证孵化服务的质量提供了重要依据。

（二）虚拟孵化服务模式

虚拟孵化服务是资本孵化平台的核心内容，主要包括："投资汇"平台的搭建、孵化培训体系的建设、孵化对接体系的建设、孵化投资体系的建设。

"投资汇"系列服务主要包括开展培训、精准对接会、项目走访以及私董会等各种系列主题活动，为企业建立高价值、高黏性的智慧分享、资源互助圈子。

孵化培训业务主要是培养企业家的资本思维，根据资本市场动态、产业发展方向及企业在不同发展阶段的成长核心节点等不定期举办，以主题演讲、沙龙等形式为主，已形成了创新系、融资系、成长系和投资系等四大模块的培训体系。

项目路演及技术成果推介会是让优质项目和高新技术成果与资本互动，互相寻找合作机会。东莞市电子计算中心与各高校、科研院所建立了紧密关系，与高航等知识产权交易平台达成合作，整合部分高校专家、中国科学院的科技成果资源，并借助东莞清华大学深圳创新中心的境外资源，引进美国、加拿大等境外先进技术成果，向国内外众多风险投资机构推介，促进各类先进技术成果在东莞落地。两年来，累计开展的项目路演及技术成果推介会达100余场，参与的路演项目达1500余个，参与100余项技术成果的推介，项目及技术成果来源遍布中国科学院、各科研院所，以及美国、以色列、俄罗斯、东南亚以及中国港澳台地区等地；另外，共组织125个项目与57个投资机构进行了深入交流；组织20余个机构走访目标企业近100家，通过一系列的活动，有效促进了东莞创新项目、各地高新技术成果及投资资源的对接。

（三）投资项目库及投资人资源库建设

本项目包括投资项目库来源、投资人资源库的分类，如覆盖天使期到Pre-IPO重点投资阶段以及先进制造、生物医药、互联网和移动互联网等投资领域。

东莞电子计算中心充分借助创新创业大赛的平台资源，建立了投资人库，通过不断举办各类科技金融活动，不断积累不同行业领域、不同投资阶段的风险投资机构资源，积累了有经常性互动关系的 200 余家投资机构的 500 余位投资人，包括全国 TOP10 的首钢基金、达晨创投等，管理百亿以上资产的创东方、中科招商、粤科风投，赛马资本、广州基金以及深交所体系内的二级投资机构等，覆盖了各大领域以及从天使期到 Pre-IPO 各个阶段的投资机构。投资人资源库为东莞企业对接国内外领先风险投资机构创造了有利条件。

参考文献

林毅夫、李永军：《中小金融机构发展与中小企业融资》，《经济研究》2001 年第 1 期。

夏有为：《我国科技型企业的上市融资》，《金融经济》2013 年第 4 期。

张杰、芦哲、郑文平、陈志远：《融资约束、融资渠道与企业 R&D 投入》，《世界经济》2012 年第 10 期。

赵鹏程：《中国金融体系变迁与小微企业融资关系研究》，社会科学文献出版社，2017。

探索与实践篇

Exploration and Practice

B.8
企业创新活跃度应用实践

曹莉莎　陈丽云*

摘　要: 科技金融在东莞市的诸多领域都有较为良好的应用,本报告重点选取了企业创新活跃度应用实践和东莞科技金融服务体系特色模式探索,研究东莞市如何应用多方资源推进科技、金融、产业融合发展。研究发现:企业创新活跃度能够使东莞科技管理部门及时掌握全市高新技术企业的经营运行情况,为企业项目资助等提供参考;东莞市科技金融服务体系能够有效集合多方资源支撑技术创新和产业发展。

---

* 曹莉莎,硕士研究生,经济师,东莞市电子计算中心研究人员,研究方向为科技发展和科技政策;陈丽云,助理会计师,东莞市电子计算中心部长,研究方向为科技发展与科技政策。

关键词： 企业创新活跃度　创新投入　创新活动　创新产出
服务体系

一　企业创新评价相关概述

（一）创新及创新型企业

"创新"一词最早是由美籍奥地利经济学家约瑟夫·熊彼特于1912年在其《经济发展理论》一书中提出。他指出了"创新"的五种情况：采用一种新的产品，采用一种新的生产方法，开辟一个新的市场，掠取或控制原材料或半制成品的一种新的供应来源，实现任何一种工业的新的组织。后来人们将他这一段话归纳为五个创新，依次对应产品创新、技术创新、市场创新、资源配置创新、组织创新（见表1）。

表1　熊彼得创新理论

创新形式	具体释义
产品创新	采用一种新的产品,即消费者还不熟悉的产品或某产品的一个新特性
技术创新	采用一种新的生产方法,即在有关制造部门尚未通过经验检定的方法,这种新的方法绝不需要建立在科学新发现的基础之上,并且也可以存在于商业上处理一种产品的新方式之中
市场创新	开辟一个新的市场,即有关国家的某一制造部门以前不曾进去的市场,不管这个市场之前是否存在
资源配置创新	掠取或控制原材料或半制成品的一种新的供应来源,也不论这种来源是已经存在的,还是第一次创造出来的
组织创新	实现任何一种工业的新的组织,比如造成一种垄断地位或打破一种垄断地位

资料来源：项目组整理。

创新型企业并没有很明确的定义。2006 年 7 月，科技部、国务院国资委、中华全国总工会三部门联合发布了首批创新型试点企业名单，启动了创新型企业试点工作，由此明确了创新型企业的五个认定标准，如表 2 所示。

表 2   创新型企业认定标准

认定标准	具体条件
具有企业发展的关键技术和自主知识产权	拥有发明专利，软件、集成电路、农业企业近三年获得过著作权、集成电路布图设计权或植物新品种权等；主持或参与制定过行业、国家或国际技术标准
具有持续创新能力	有良好的产学研合作关系；在同类企业中，研发费用占年主营业务收入比重较高；在同行业处于技术领先地位，具有较强的发展潜力；重视科技人员和高技能人才的培养、吸引和使用
具有行业带动性和自主品牌	主导产品市场占有率在全省同行业（细分）位居前列，有较大的主营业务收入规模，发展潜力大；拥有省部级以上名牌产品或知名商标；新产品（新服务）或采用新工艺带来的销售收入占当年主营业务收入的比重比较高
具有较强的盈利能力和较高的管理水平	主营业务收入较大、近三年连续盈利，资产负债率合理，治理结构健全，具有良好的社会诚信形象；通过质量管理等相关认证，制药企业通过国家 GMP 认证；知识产权管理制度健全，有专门的知识产权管理机构或专人负责知识产权管理工作
具有明确的创新发展战略和良好的企业文化	企业主要负责人重视技术创新；有技术创新规划或技术创新成为企业发展规划的重要内容；工会组织健全，能够正常开展活动，企业劳动关系和谐；职工技术创新活跃，积极提出合理化建议；鼓励创新的薪酬激励和奖励表彰制度比较健全

资料来源：项目组整理。

（二）企业创新评价研究综述

科技部、国务院国资委、中华全国总工会三部门在启动创新型企业试点工作的同时，也发布了创新型企业评价指标体系，包括研发经费投入强度、千名研究开发人员拥有的授权发明专利量、新产品（工艺、服务）销售收入占主营业务收入的比重、全员劳动生产率、创新组织与管理，其中前四个指标为定量指标，创新组织与管理为定性指标，主要考察企业研发支撑体系建设、创新战略制定与实施、创新管理与制度建设、品牌塑造、创新文化建设以及获得重大科技奖励等情况。虽然该评价指标体系比较简单，但为评价企业创新能力提供了重要参考。

国内关于企业创新评价的研究基本都是以构建指标体系及开展相应测算的方式开展，并大致形成了基于以下几个角度的评价体系，如表3所示。通过对比，可以发现：①不同学者对企业创新的理解角度不同，评价指标体系不尽相同，但是在具体细分指标方面大同小异；②现有的评价指标体系更多局限于研究需要，具体到操作层面，部分指标的数据获取存在一定难度；③现有的评价指标体系基本基于结构化数据对企业开展的创新评价。

表3　国内企业创新评价研究汇总

研究角度	典型代表
从企业经营过程的角度评价企业创新	胡恩华认为企业的创新是指企业从对市场技术需求分析,技术创新构思、规划和决策开始,经过研发、工程化、商业化生产,到市场应用多个环节的组合,为此将企业创新评价体系分为管理、投入、研发、制造、销售、实现几大能力;[1] 贡友红将创新型企业评价指标体系分为创新投入、创新核心、创新技术、研究开发、创新生产、创新营销、创新产出、创新管理。[2] 赵文彦、曾月明认为创新投入、研究开发、创新生产、创新产出、创新营销、管理创新、制度创新7个方面代表创新型企业的创新能力[3]
从创新型企业内涵的角度评价企业创新	马永红基于创新型企业的构成要素,从技术创新、市场创新、产品创新、管理创新4个方面构建体系;[4] 祝爱民认为创新型企业评价涉及企业运营、发展、决策、研发等活动的各环节,根据创新型企业的内涵和特点,从创新投入能力、创新效益能力、研究发展能力3个方面构建体系[5]

135

研究角度	典型代表
从投入产出的角度评价企业创新	彭维湘、卢千里认为企业创新的核心是投入与产出,企业创新能力的大小体现在投入的大小和产出的多少,其中投入是产出的条件,产出是投入的实现,从投入和产出的角度设计企业创新能力评价指标体系[6]
从企业发展阶段的角度评价企业创新	汪永飞认为企业所处的发展阶段不同,体现其创新的指标侧重点也应该有所不同,他将创新型企业的发展划分为初创期和成长期两个阶段,分别建立了两套不同的评价指标体系;如初创期创新型企业的评价重点应放在判断企业是否具备开展创新活动的财力资本和人力资本上,而成长期创新型企业的评价指标更全面[7]

资料来源:①胡恩华:《企业技术创新能力指标体系的构建及综合评价》,《科研管理》2001 年第 22 (4) 期;②贲友红:《创新型企业评价指标体系的设计》,《中国管理信息化》2008 年第 11 (10) 期;③赵文彦、曾月明:《创新型企业创新能力评价指标体系的构建与设计》,《科技管理研究》2011 年第 1 期;④马永红:《创新型企业评价体系的构建研究》,《技术经济》2007 年第 26 (10) 期;⑤祝爱民、刘盈君、徐英杰:《创新型企业评价体系研究》,《科学学研究》2009 年第 26 期;⑥彭维湘、卢千里、袁炎清、林如海:《创新型企业的评价指标体系构建》,《统计与决策》2009 年第 19 期;⑦汪永飞、陈留平、陈爱民:《创新型企业的评价指标体系及其评价模型》,《统计与决策》2007 年第 5 期。

二 企业创新活跃度指标构建

"活跃度"一词在不同的领域有不同的意思,如"用户活跃度"是指线上产品用户的在线时长以及登录频次,"股票活跃度"是用来反映某只股票或某一行业、某一板块股票交易活动的多少。本书的企业创新活跃度用来反映企业开展创新活动的活跃程度,它涉及企业创新资源如何投入、如何组织创新活动以及创新产出如何等多方面。通过构建企业创新活跃度指标，开展指标测算，可以实现对企业创新的评价。

（一）设计原则

企业创新活跃度指标的设计遵循了以下原则。①科学性原则。一项评价活动是否科学在很大程度上取决于评价指标体系的设计是否科学。企业创新活跃度指标的设计要在参考现有成熟指标体系的基础上，反映出企业创新的现实基础、变化趋势等，引导企业创新活动的开展。②合理性原则。在设计企业创新活跃度指标的时候，要遵循统计的理论基础，做到总量指标与平均指标相结合、绝对指标与相对指标相结合，既要避免指标过于庞杂造成指标间的相关性影响，又要避免指标过于单一影响评价效果。③可行性原则。企业创新活跃度指标测算的基础是数据，因此在选择指标的时候要考虑是否能够采集到权威的、准确的公开数据，确保指标数据的可获取性以及后续指标测算的可操作性。现有的很多理论研究，通常设置了很多指标，但是指标无法采集数据，也不具备可行性。④动态性原则。企业创新活跃度是一个动态的概念，因此指标体系的设计要考虑进行实时监控，通过非结构化指标实现动态跟踪。

（二）设计思路

以熊彼特创新理论为基础，参考科技部发布的创新型企业评价指标体系以及国内现有的相关研究，企业创新活跃度指标基于创新投入、创新活动、创新产出的角度设计，共包括3个一级指标、8个二级指标、15个三级指标，其中三级指标中有9个结构化指标和6个非结构化指标（见表4）。

表 4 企业创新活跃度指标

一级指标	二级指标	三级指标
创新投入	财力投入	企业 R&D 经费占营业收入的比重
	人力投入	本科及以上学历人员占从业人员平均数的比重
		技术人员招聘数量
创新活动	技术开发	研发机构经费支出占科技活动经费支出的比重
		技术改造经费占营业收入的比重
	创新生产	全员劳动生产率
	创新管理	对外投资机构数和分支机构数
		科技活动人员平均人工费
	创新营销	营销费用强度
		企业知名度
		百度口碑
创新产出	新产品产出	新产品销售收入占产品销售收入的比重
		高新技术产品出口占出口总额的比重
	知识产权	发明专利申请比例
		知识产权数

资料来源：项目组整理。

创新投入是指企业投入创新要素的数量和质量，是反映企业创新能力的基础性指标。创新投入主要考虑企业内部开展研发活动的投入，包括财力投入和人力投入。衡量企业对研发活动的投入情况用企业 R&D 经费占营业收入的比重表示。人力投入一方面用本科及以上学历人员占从业人员平均数的比重来表示企业技术研发人员的结构情况，另一方面用技术人员招聘数量这一非结构化指标来表示企业在某段时间内对技术研发人员的需求情况。

创新活动是指企业开展创新的各类能力，如技术开发能力、创新生产能力、创新管理能力、创新营销能力等，分别用技术开发、创新生产、创新管理、创新营销四个二级指标来表示。技术开发用技术改造经费占营业收入比重以及研发机构经费支出占科技活动经费支出的比重表示。创新生产是把研究开发成果转化为符合设计要求的可批量生产产品的能力，是创新成果价值显性化的重要因素，本书选择全员劳动生产率来代表创新生产能力。创新管理是指企业资源的配置、企业文化建设等，用对外投资机构数和分支机构数表示企业对资源配置的管理，用科技活动人员平均人工费代表企业对科技活动人员的重视程度，反映企业的文化创新。创新营销体现企业创新产品的市场开拓和市场占有能力，这里用营销费用强度、企业知名度和百度口碑来说明企业的销售能力和市场占有情况。

创新产出是企业创新最终效果的评价，可以从创新收益水平和创新技术水平体现，其中创新收益水平即新产品产出水平，用新产品销售收入占产品销售收入的比重、高新技术产品出口占出口总额的比重代表企业新产品产出能力；创新技术水平即知识产权，用发明专利申请比重和知识产权数来表示。

（三）综合评价方法的确定

综合评价是指使用系统、规范的方法对多个指标、多个单位同时进行评价的方法，通常针对研究对象，建立一套指标体系，利用特定的方法或者模型，对研究对象做出定量化的评价。指标体系的综合评价方法有很多，如层次分析法、模糊评价法、综合指数法等。选择不同的评价方法，往往会得到不同的结果，而各评价方法也有其适用范围。

层次分析法是将与决策有关的要素分解成目标层、准则层、方案层，在此基础上进行定性和定量分析的决策方法。它通常应用在安全科学领域如城市灾害应急能力研究、交通安全评价、煤矿安全评价，以及环境科学领域如生态环境质量评价、水质指标和环境保护措施研究等。

模糊评价法通常用于对无法准确度量的事物，比如风险决策、质量评估等的评价。

综合指数法是一种比较简便的综合评价方法，它将不同性质和单位的各类指标值通过指数变化加权，并对比分析综合指数，评价其优劣。通常适用于评价目的有明确规定、评价对象差异不大、各单项指标值波动不大等情形，如技术创新和能力评价等。

通过以上对比，本书选择综合指数法对企业创新开展评价。

三　企业创新活跃度指标测算

1. 权重确定

在权重确定上，采用专家打分法确定权重。本书共征求了 10 位从事创新型企业研究的专家、科技工作者以及企业研发工作人员的意见，获得了大量的有效比较矩阵，进行统计分析，最终确定各个指标的权重值。

2. 测算方法

在企业创新活跃度的测算上，采用标杆分析法。标杆分析法是目前国际和国内广泛应用的一种测算方法，其原理是：对被评价的对象给出一个基准值，并以此标准去衡量所有被评价的对象，从而发现彼此之间的差距，给出排序结果。国家创新指数也采用此方法。

为了消除各个指标之间的差异，首先必须对三级指标的原始值进行无量纲化处理。无量纲化是为了消除多指标综合评价中计量单位上的差异和指标数值的数量级、相对数形式的差别，解决指标的可综合性问题。在企业创新活跃度测算中，采用直线型无量纲化处理，即：

$$三级指数 = \frac{实际值 - 最小值}{最大值 - 最小值} \times A + B$$

其中最小值为所有企业样本中某三级指标的最小值，最大值为所有企业样本中该指标的最大值，A、B分别为系数。为避免数据漏填、错填使分项得分为0而导致总得分过低，给予最低的分项指标得分为60分，即 A ＝ 40，B ＝ 60。总指数即为三级指数加权求和。

3. 数据来源说明

企业创新活跃度指标包含结构化指标和非结构化指标。其中，结构化指标数据来源于企业统计年报；非结构化指标数据通过爬虫技术从互联网获取。具体为：技术人员招聘数量来源于启信宝，通过关键词如"工程师""技术""开发"等搜索；对外投资机构数和分支机构数来源于启信宝；企业知名度来源于互联网搜索指数；百度口碑来源于百度口碑网；发明专利申请比例与知识产权数来源于国家知识产权局。

四 企业创新活跃度应用实践

东莞市政府印发了《东莞市高新技术企业树标提质行动计划》，要求把东莞市高新技术企业的数量优势转化为高新技术产业发展优势，充分发挥高新技术企业的支撑作用。基于企业创新活跃度指标，对东莞市高新技术企业开展测评，根据测评结果形成了创新活跃层、创新次活跃层、创新基础层三个层次，并分析总结了各分层企业的特点，有利于东莞科技管理部门及时掌握全市高新技术企业的经营运行情况，为企业项目资助等提供参考。

同时，将企业创新活跃度延伸到行业创新活跃度和镇域创新活跃度。对东莞市新能源、智能制造、电子信息、生物医药、新材料、云计算与大数据等重点领域进行深度分析，形成东莞行业创新活跃度排名，为金融机构及相关服务机构对行业的深度服务提供数据参考；以创新活跃度排名前 500 的企业为样本，分析创新活跃企业在东莞镇域的分布情况，形成东莞镇域创新活跃度排名，为相关研究提供数据参考。

B.9
东莞科技金融服务体系特色模式探索

王 洁 杨俊成*

摘 要： 科技金融的发展离不开科技金融服务体系的有效支
撑。本报告总结了东莞市科技金融服务体系三种特
色模式：一是"三平台、一网络"的科技金融生态
服务体系；二是以数据应用引领服务创新，通过大
数据平台的数据支撑，实现对企业的量化分析和精
准对接；三是以工作站为依托的多级联动服务，有
效解决企业与金融机构对接的"最后一公里"问题。

关键词： 科技金融生态服务体系 大数据平台 科技金融工
作站

一 有效的生态服务循环体系

东莞科技金融综合服务中心围绕东莞市创新驱动发展战略，抓
住国家粤港澳大湾区战略和广深科技创新走廊建设的历史性机遇，
紧密结合东莞的产业需求，探索东莞科技金融服务模式，构建了由

---

* 王洁，在职研究生，东莞市电子计算中心主任、副研究员，研究方向为科技创新管理、
产业经济发展研究、创业管理等；杨俊成，项目管理师，东莞市电子计算中心部长，研
究方向为科技发展与科技政策。

科技创新大数据平台、科技金融服务平台、投融资平台和覆盖全市的科技金融网络组成的"三平台、一网络"的科技金融生态服务体系。该体系以科技创新大数据为核心支撑、以创赛聚集优质创新企业、以科技政策服务为抓手、以金融机构资源有效聚集形成多元化投融资服务能力、以覆盖全市的科技金融服务网络实现服务快速落地，形成企业数据服务、资本服务、政策服务、投融资服务、区域股权交易市场服务、企业孵化服务等有效集成的生态服务体系，发挥金融对技术创新体系和产业持续发展的支撑作用，为企业提供全链条的科技金融服务。

二 以大数据为引领的服务创新

依托科技创新大数据平台，东莞市科技金融综合服务中心积极开发大数据资源，以数据应用引领服务创新，大幅提升科技金融服务的针对性，提高服务效率。比如，依托大数据平台，根据风险投资机构对投资企业的业务偏好与风险偏好，针对性制定高新技术企业创新活跃度评估体系，从大批企业中筛选符合风险投资机构投资偏好的高新技术企业，大幅提升企业走访成功率。又如，与东莞银行深度合作，以大数据分析形成的对企业的群体分析和信用评价为依托，进行业务创新和产品创新。根据东莞银行信贷风控要求，搭建"企业科技贷"评价模型，只要是通过"企业科技贷"评价模型评估的企业，东莞银行即可直接给予信贷支持，形成科技企业授信白名单并逐步实现对名单企业的批量授信。通过大数据平台的数据支撑，实现对企业的量化分析和精准对接，进而为科技金融工作的开展提供有力支撑，大幅提升服务对接效率，以数据为依托支持银行的产品创新和服务创新。

三 以工作站为依托的多级联动服务模式

科技金融服务生态体系以镇街科技办、大型孵化载体和金融机构为依托，建立了 49 家科技金融工作站，形成了 106 名科技金融专员队伍、覆盖全市的科技金融服务网络。科技金融工作站以其与企业建立的互信关系和区位优势化解了科技金融服务过程的信任问题和服务半径，实现精准服务和快速响应，保证各项科技金融工作的有效落地，解决企业与金融机构对接的"最后一公里"问题。

东莞科技金融综合服务中心负责为全市科技金融工作站提供资源对接和服务支撑，为全市科技金融专员进行培训和辅导，通过科技金融资源的注入和人才素质的提升，帮助科技金融工作站做大做强。

科技金融工作站因建设载体的不同具有不同的资源，如企业资源、服务能力、资金优势等。东莞科技金融综合服务中心通过多种形式的活动加强科技金融工作站之间的资源交换，实现工作站要素的有效流动。东莞科技金融综合服务中心基于工作站服务网络建立的投融资平台、政策服务平台、数据服务平台，为工作站的科技金融工作提供抓手，也通过工作站网络实现平台功能的有效落地。

东莞科技金融综合服务中心广泛对接省市科技金融资源、政策资源，为科技金融工作站网络的健康发展提供更高层次的支撑，并实现省市各项工作通过科技金融工作网络的快速落地，形成有效的省、市、镇三级联动模式。

东莞科技金融服务网络体系建设初显成效。科技金融工作站共组织科技金融活动 261 场次，促成贷款近 46.52 亿元，其中科技贷款 40.18 亿元、创投风投 6.34 亿元。

参考文献

陈劲、陈钰芬：《企业技术创新绩效评价指标体系研究》，《科学学与科学技术管理》2006年第3期。

肖泽磊、张镤予：《政府引导型区域科技金融服务体系建设理论及实证研究——基于苏州板块的调研分析》，《科技进步与对策》2013年第19期。

杨向阳、刘备、陈凯华、童馨乐：《政府支持对KIBS企业创新活跃度的影响》，《科学学与科学技术管理》2015年第12期。

中国科技发展战略研究小组、中国科学院大学中国创新创业管理研究中心：《中国区域创新能力评价报告（2017）》，科学技术文献出版社，2017。

附　　录

Appendix

B.10
东莞市私募基金名单（按办公地址划分）

表1　东莞市私募基金名单（按办公地址划分）

编号	私募基金管理人名称	法定代表人/执行事务合伙人姓名	注册地	成立时间	登记时间
1	广东博源基金管理有限公司	刘鸿	广东省	2009年8月18日	2014年4月22日
2	东莞泓德投资管理有限公司	邓志权	广东省	2013年6月21日	2014年4月22日
3	东莞市融易分享创业投资管理有限公司	罗志明	广东省	2011年4月18日	2014年5月4日
4	东莞市松山湖国富科技孵化有限公司	朱鹏炜	广东省	2013年6月4日	2014年5月20日
5	广东博源创业投资有限公司	柳淇玉	广东省	2009年9月24日	2014年5月20日

编号	私募基金管理人名称	法定代表人/执行事务合伙人姓名	注册地	成立时间	登记时间
6	广东莞香资本投资有限公司	江南兴	广东省	2012年7月11日	2014年6月4日
7	东莞市信宏投资管理有限公司	卢伟东	广东省	2012年8月14日	2014年7月22日
8	广东晟俊投资股份有限公司	曾凡兴	广东省	2010年4月7日	2015年1月7日
9	东莞七鼎世家股权投资基金管理有限公司	林晓燕	广东省	2014年10月28日	2015年1月7日
10	广东镕腾投资管理有限公司	李伟国	广东省	2014年10月22日	2015年1月22日
11	东莞市凯诺资产管理有限公司	叶凤媚	广东省	2014年9月11日	2015年1月22日
12	广东凌日资产管理有限公司	江洪	广东省	2014年9月10日	2015年2月4日
13	东莞红土创业投资管理有限公司	李守宇	广东省	2013年3月21日	2015年2月4日
14	东莞市科技创业投资合伙企业(有限合伙)	孙旭生	广东省	2008年7月9日	2015年2月4日
15	东莞市元成投资管理有限公司	林信弘	广东省	2012年7月10日	2015年2月11日
16	东莞市深乾投资管理有限公司	胡琼安	广东省	2014年11月18日	2015年2月11日
17	东莞市聚信投资顾问有限公司	何展涛	广东省	2012年11月16日	2015年4月2日
18	东莞市荷包花资产管理有限公司	卢荧荧	广东省	2015年2月10日	2015年4月2日
19	广东鸿潮资产管理有限公司	钟晓迪	广东省	2015年1月4日	2015年4月15日

编号	私募基金管理人名称	法定代表人/执行事务合伙人姓名	注册地	成立时间	登记时间
20	东莞市日明投资管理有限公司	林健伟	广东省	2009年4月30日	2015年4月16日
21	广东万喜资产管理有限公司	张晶瑞	广东省	2015年4月2日	2015年4月23日
22	广东旗辉财富投资管理有限公司	叶沛荣	广东省	2014年4月18日	2015年4月23日
23	东莞市粤骏资产管理有限公司	梁骏	广东省	2014年10月16日	2015年4月29日
24	东莞市万葵资产管理有限公司	赵虎	广东省	2013年7月1日	2015年5月8日
25	东莞市清大基金管理有限公司	严叔刚	广东省	2014年1月3日	2015年5月8日
26	广东一剑投资有限公司	任剑	广东省	2004年3月25日	2015年5月14日
27	东莞市尚融投资管理有限公司	彭汉英	广东省	2011年6月30日	2015年6月5日
28	东莞市湘财资产管理有限公司	刘贵古	广东省	2014年9月24日	2015年6月11日
29	广东佰顺资产经营管理有限公司	张敬智	广东省	2010年7月13日	2015年6月11日
30	东莞市骏胜资产管理有限公司	阳海燕	广东省	2013年10月16日	2015年6月11日
31	广东中科云富创业投资有限公司	谢伟胜	广东省	2014年2月28日	2015年6月17日
32	广东创客股权投资基金管理有限公司	林江海	广东省	2015年4月30日	2015年6月17日
33	广东融易创新投资集团有限公司	罗志明	广东省	2010年8月3日	2015年6月29日

续表

编号	私募基金管理人名称	法定代表人/执行事务合伙人姓名	注册地	成立时间	登记时间
34	广东弘石财富管理有限公司	罗志勇	广东省	2015年5月13日	2015年7月1日
35	东莞市福华资产管理有限公司	莫丽华	广东省	2014年2月19日	2015年7月16日
36	东莞市叁道资本管理有限公司	黄桂贤	广东省	2015年7月3日	2015年7月23日
37	广东天量私募证券投资基金管理有限公司	郝朝旭	广东省	2015年4月30日	2015年8月13日
38	东莞市宏商创业投资管理有限公司	郭翰祥	广东省	2015年6月12日	2015年8月26日
39	东莞市惠丰资产管理有限公司	张柱良	广东省	2015年7月13日	2015年8月26日
40	东莞市睿德信股权投资管理有限公司	冯清华	广东省	2015年8月17日	2015年9月11日
41	广东南博投资有限公司	李岩昊	广东省	2010年11月1日	2015年9月18日
42	东莞市熔科投资咨询有限公司	孙旭生	广东省	2013年2月6日	2015年9月18日
43	广东质子资产管理有限公司	温宇程	广东省	2015年8月25日	2015年9月18日
44	广东金火投资管理有限公司	赵娜娜	广东省	2015年8月28日	2015年10月16日
45	广东龙盈资产管理有限公司	伍醒念	广东省	2014年9月15日	2015年10月16日
46	东莞市顺风资产管理有限公司	尹柱良	广东省	2014年2月18日	2015年10月30日
47	东莞玖月资产管理有限公司	顾仲寒	广东省	2015年9月30日	2015年10月30日

编号	私募基金管理人名称	法定代表人/执行事务合伙人姓名	注册地	成立时间	登记时间
48	＊东莞市上正投资管理有限公司	傅淑芳	广东省	2012 年 10 月 29 日	2015 年 11 月 12 日
49	东莞市简道投资管理有限公司	曹淑媛	广东省	2014 年 11 月 14 日	2015 年 11 月 18 日
50	广东君之健投资管理有限公司	张勇	广东省	2015 年 11 月 10 日	2015 年 12 月 2 日
51	广东菩提投资管理有限公司	黄茹	广东省	2015 年 11 月 2 日	2015 年 12 月 2 日
52	广东原始森林基金管理有限公司	刘鸿	广东省	2015 年 8 月 19 日	2016 年 1 月 14 日
53	广东双牛投资管理有限公司	陈伟华	广东省	2015 年 11 月 12 日	2016 年 1 月 14 日
54	广东清控海德投资管理中心(有限合伙)	唐劲草	广东省	2015 年 8 月 14 日	2016 年 1 月 21 日
55	东莞市莞投资产管理有限公司	伦广志	广东省	2015 年 10 月 16 日	2016 年 1 月 21 日
56	东莞市榕果投资管理有限公司	李学健	广东省	2015 年 11 月 17 日	2016 年 1 月 28 日
57	广东汇信资产管理有限公司	邱斌	广东省	2015 年 11 月 9 日	2016 年 6 月 8 日
58	广东奎昌投资管理有限公司	田珊蔓	广东省	2015 年 9 月 7 日	2016 年 6 月 27 日
59	东莞市木瓜投资管理企业(有限合伙)	全振	广东省	2015 年 12 月 2 日	2016 年 7 月 15 日
60	东莞市三藏资产管理有限公司	林伟铎	广东省	2016 年 4 月 28 日	2016 年 7 月 21 日
61	东莞市山金资产管理有限公司	陈秀秀	广东省	2016 年 4 月 15 日	2016 年 8 月 15 日

续表

编号	私募基金管理人名称	法定代表人/执行事务合伙人姓名	注册地	成立时间	登记时间
62	广东搜于特投资管理有限公司	廖岗岩	广东省	2016年4月12日	2016年8月15日
63	东莞市莞信汇垠股权投资管理有限公司	曾国军	广东省	2016年3月10日	2016年9月22日
64	广东天得投资管理有限公司	徐丽剑	广东省	2014年8月4日	2016年10月9日
65	东莞市松鼎股权投资管理有限公司	郑同恩	广东省	2016年3月30日	2016年11月1日
66	广东荣造投资管理有限公司	何妹	广东省	2015年7月3日	2016年11月7日
67	广东弘道基金管理有限公司	陈刚	广东省	2016年1月5日	2016年11月11日
68	*广东冠译私募证券投资基金管理有限公司	梁子健	广东省	2015年11月6日	2016年11月11日
69	东莞市东实投资管理有限公司	高云丽	广东省	2015年9月28日	2016年12月6日
70	广东莞商清大股权投资有限公司	邬新国	广东省	2016年7月4日	2016年12月6日
71	广东商弈投资管理有限公司	曹璨	广东省	2016年1月22日	2017年1月23日
72	广东浩信投资控股集团有限公司	吴中军	广东省	2013年3月15日	2017年2月22日
73	东莞市华信资本管理有限公司	黄育锋	广东省	2011年4月8日	2017年3月31日
74	东莞市任升投资管理有限公司	陈任升	广东省	2016年2月1日	2017年4月21日
75	东莞市威尔久投资管理有限公司	陈仕林	广东省	2016年4月21日	2017年4月21日

续表

编号	私募基金管理人名称	法定代表人/执行事务合伙人姓名	注册地	成立时间	登记时间
76	广东联景资产管理有限公司	袁宇轩	广东省	2015年7月7日	2017年5月31日
77	广东优点资本管理有限公司	雷达	广东省	2017年1月12日	2017年6月5日
78	广东中硕创业投资有限公司	谭孝云	广东省	2016年5月4日	2017年6月26日
79	广东天下有道投资控股有限公司	华山	广东省	2017年1月22日	2017年7月21日
80	东莞市尚江投资管理有限公司	封志辉	广东省	2014年4月10日	2017年8月29日
81	广东温度投资管理有限公司	高娟	广东省	2014年11月26日	2017年9月7日
82	东莞赢聚投资管理有限公司	刘晓敏	广东省	2016年3月8日	2017年9月13日
83	东莞市中美融易孵化器投资管理有限公司	罗志明	广东省	2014年5月16日	2017年9月28日
84	东莞市鼎和私募证券投资管理有限公司	连碧璐	广东省	2017年9月7日	2017年12月5日
85	广东原始森林私募证券投资管理有限公司	李富文	广东省	2017年7月4日	2017年12月11日
86	广东盛投资本投资管理有限公司	邓伟池	广东省	2016年3月8日	2017年12月29日
87	*东莞市凯诺致远股权投资基金管理有限公司	叶凤媚	广东省	2017年7月24日	2018年1月9日
88	东莞市星钥私募证券投资基金管理有限公司	杨开来	广东省	2017年7月28日	2018年1月15日
89	东莞市红土创新创业产业母基金投资管理有限公司	李守宇	广东省	2017年5月17日	2018年1月15日

续表

编号	私募基金管理人名称	法定代表人/ 执行事务 合伙人姓名	注册地	成立时间	登记时间
90	东莞市锦创私募证券投资基金管理有限公司	张昱	广东省	2017 年 8 月 16 日	2018 年 1 月 19 日
91	*广东邦上创业投资有限公司	严星汉	广东省	2012 年 3 月 28 日	2018 年 1 月 29 日
92	*广东泓骐私募证券投资基金管理有限公司	林龙洲	广东省	2017 年 11 月 17 日	2018 年 3 月 27 日
93	*广东善合股权投资基金管理有限公司	肖海军	广东省	2017 年 11 月 17 日	2018 年 4 月 18 日
94	*广东汇垠海德股权投资基金管理有限公司	万宏伟	广东省	2017 年 11 月 2 日	2018 年 5 月 29 日
95	*广东帝豪私募证券投资基金管理有限公司	廖文雄	广东省	2017 年 12 月 15 日	2018 年 6 月 12 日
96	*广东洞见汇智股权投资管理有限公司	杜明堂	广东省	2017 年 9 月 21 日	2018 年 6 月 12 日

注：＊表示目前没有正在管理的私募基金。
资料来源：中国证券投资基金业协会。

B.11
东莞市国内 A 股上市企业名单

表 1　东莞市国内 A 股上市企业名单

单位：亿元

序号	股票代码	股票名称	公司名称	上市日期	行业	募集金额
1	000573.SZ	粤宏远 A	东莞宏远工业区股份有限公司	1994 年8 月 15 日	房地产开发	1.10
2	000712.SZ	锦龙股份	广东锦龙发展股份有限公司	1997 年4 月 15 日	非银行金融	1.17
3	000828.SZ	东莞控股	东莞发展控股股份有限公司	1997 年6 月 17 日	公路铁路	9.17
4	600183.SH	生益科技	广东生益科技股份有限公司	1998 年10 月 28 日	电子元件	3.44
5	002317.SZ	众生药业	广东众生药业股份有限公司	2009 年12 月 11 日	中药生产	10.46
6	300083.SZ	劲胜精密	东莞劲胜精密组件股份有限公司	2010 年5 月 20 日	电子设备制造	8.44
7	002503.SZ	搜于特	搜于特集团股份有限公司	2010 年11 月 17 日	服装家纺	14.43
8	300143.SZ	星河生物	广东星河生物科技股份有限公司	2010 年12 月 9 日	农业	5.68
9	300221.SZ	银禧科技	广东银禧科技股份有限公司	2011 年5 月 25 日	化学制品	4.16
10	300242.SZ	明家联合	广东明家联合移动科技股份有限公司	2011 年7 月 12 日	互联网	1.64
11	002638.SZ	勤上光电	东莞勤上光电股份有限公司	2011 年11 月 25 日	电子器件	10.57

续表

序号	股票代码	股票名称	公司名称	上市日期	行业	募集金额
12	300328.SZ	宜安科技	东莞宜安科技股份有限公司	2012年6月19日	金属制品	3.24
13	300376.SZ	易事特	易事特集团股份有限公司	2014年1月27日	其他电气设备	1.80
14	002717.SZ	岭南园林	岭南园林股份有限公司	2014年2月19日	建筑施工	4.39
15	300410.SZ	正业科技	广东正业科技股份有限公司	2014年12月31日	通用设备	1.33
16	300460.SZ	惠伦晶体	广东惠伦晶体科技股份有限公司	2015年5月15日	电子元件	2.71
17	002757.SZ	南兴装备	南兴装备股份有限公司	2015年5月27日	专用设备	3.54
18	002791.SZ	坚朗五金	广东坚朗五金制品股份有限公司	2016年3月29日	金属制品	9.57
19	300591.SZ	万里马	广东万里马实业股份有限公司	2017年1月10日	皮革、毛皮、羽毛及其制品和制鞋业	1.84
20	603038.SH	华立股份	东莞市华立实业股份有限公司	2017年1月16日	其他制造业	3.88
21	300606.SZ	金太阳	东莞金太阳研磨股份有限公司	2017年2月8日	非金属矿物	1.86
22	300607.SZ	拓斯达	拓斯达科技股份有限公司	2017年2月9日	通用设备	3.40
23	002855.SZ	捷荣技术	东莞捷荣技术股份有限公司	2017年3月21日	计算机、通信和其他电子设备制造业	3.92
24	002774.SZ	快意电梯	快意电梯股份有限公司	2017年3月24日	通用设备	5.10

序号	股票代码	股票名称	公司名称	上市日期	行业	募集金额
25	002902.SZ	铭普光磁	东莞铭普光磁股份有限公司	2017年9月29日	计算机、通信和其他电子设备制造业	4.35
26	300716.SZ	国立科技	广东国立科技股份有限公司	2017年11月9日	橡胶和塑料制品业	3.24
27	002930.SZ	宏川智慧	广东宏川智慧物流股份有限公司	2018年3月28日	仓储业	5.19

资料来源：项目组整理。

社会科学文献出版社

皮书系列

❖ 皮书起源 ❖

"皮书"起源于十七、十八世纪的英国，主要指官方或社会组织正式发表的重要文件或报告，多以"白皮书"命名。在中国，"皮书"这一概念被社会广泛接受，并被成功运作、发展成为一种全新的出版形态，则源于中国社会科学院社会科学文献出版社。

❖ 皮书定义 ❖

皮书是对中国与世界发展状况和热点问题进行年度监测，以专业的角度、专家的视野和实证研究方法，针对某一领域或区域现状与发展态势展开分析和预测，具备原创性、实证性、专业性、连续性、前沿性、时效性等特点的公开出版物，由一系列权威研究报告组成。

❖ 皮书作者 ❖

皮书系列的作者以中国社会科学院、著名高校、地方社会科学院的研究人员为主，多为国内一流研究机构的权威专家学者，他们的看法和观点代表了学界对中国与世界的现实和未来最高水平的解读与分析。

❖ 皮书荣誉 ❖

皮书系列已成为社会科学文献出版社的著名图书品牌和中国社会科学院的知名学术品牌。2016年，皮书系列正式列入"十三五"国家重点出版规划项目；2013~2018年，重点皮书列入中国社会科学院承担的国家哲学社会科学创新工程项目；2018年，59种院外皮书使用"中国社会科学院创新工程学术出版项目"标识。

中国皮书网

（网址：www.pishu.cn）

发布皮书研创资讯，传播皮书精彩内容
引领皮书出版潮流，打造皮书服务平台

栏目设置

关于皮书：何谓皮书、皮书分类、皮书大事记、皮书荣誉、
　　　　　皮书出版第一人、皮书编辑部

最新资讯：通知公告、新闻动态、媒体聚焦、网站专题、视频直播、下载专区

皮书研创：皮书规范、皮书选题、皮书出版、皮书研究、研创团队

皮书评奖评价：指标体系、皮书评价、皮书评奖

互动专区：皮书说、社科数托邦、皮书微博、留言板

所获荣誉

2008 年、2011 年，中国皮书网均在全国新闻出版业网站荣誉评选中获得"最具商业价值网站"称号；

2012 年，获得"出版业网站百强"称号。

网库合一

2014 年，中国皮书网与皮书数据库端口合一，实现资源共享。

S 基本子库
SUB DATABASE

中国社会发展数据库（下设 12 个子库）

全面整合国内外中国社会发展研究成果，汇聚独家统计数据、深度分析报告，涉及社会、人口、政治、教育、法律等 12 个领域，为了解中国社会发展动态、跟踪社会核心热点、分析社会发展趋势提供一站式资源搜索和数据分析与挖掘服务。

中国经济发展数据库（下设 12 个子库）

基于"皮书系列"中涉及中国经济发展的研究资料构建，内容涵盖宏观经济、农业经济、工业经济、产业经济等 12 个重点经济领域，为实时掌控经济运行态势、把握经济发展规律、洞察经济形势、进行经济决策提供参考和依据。

中国行业发展数据库（下设 17 个子库）

以中国国民经济行业分类为依据，覆盖金融业、旅游、医疗卫生、交通运输、能源矿产等 100 多个行业，跟踪分析国民经济相关行业市场运行状况和政策导向，汇集行业发展前沿资讯，为投资、从业及各种经济决策提供理论基础和实践指导。

中国区域发展数据库（下设 6 个子库）

对中国特定区域内的经济、社会、文化等领域现状与发展情况进行深度分析和预测，研究层级至县及县以下行政区，涉及地区、区域经济体、城市、农村等不同维度。为地方经济社会宏观态势研究、发展经验研究、案例分析提供数据服务。

中国文化传媒数据库（下设 18 个子库）

汇聚文化传媒领域专家观点、热点资讯，梳理国内外中国文化发展相关学术研究成果、一手统计数据，涵盖文化产业、新闻传播、电影娱乐、文学艺术、群众文化等 18 个重点研究领域。为文化传媒研究提供相关数据、研究报告和综合分析服务。

世界经济与国际关系数据库（下设 6 个子库）

立足"皮书系列"世界经济、国际关系相关学术资源，整合世界经济、国际政治、世界文化与科技、全球性问题、国际组织与国际法、区域研究 6 大领域研究成果，为世界经济与国际关系研究提供全方位数据分析，为决策和形势研判提供参考。

法律声明